よくわかる
「自治体監査」の実務入門

公認会計士 **村井直志**
Murai Tadashi

日本実業出版社

はじめに

〜監査等の「感性」〜

　監査委員監査の対象は、広範囲に及びます。

　毎月行う例月出納検査（法235条の２第１項）、年１回必ず行う定期監査（法199条第１項、第４項）、決算が終わると行う決算審査（法233条第２項）をはじめ、様々な機会を通じて監査委員監査は行われます。

　例月出納検査では、現金について実査して帳簿残高と突合し、預金について定期預金証書を実査して帳簿残高と金融機関の残高証明書を突合し、現預金残高の実在性などを検証します。

　しかし、現預金残高を帳簿と合わせるということは当たり前の作業です。不正実行者に裏をかかれれば、横領や粉飾、贈収賄や裏金など、不適正な会計処理等を見逃すこともあるので留意が必要です。

　国際的なエグゼクティブ教育の中心的人物、シドニー・フィンケルシュタイン教授は、次のように述べています。

> データから失敗にいたるパターンを読み取らなければならない。
> つまるところ、初期警告サインとはこれに尽きるのである。
>
> 　　　　　　　　　　　　　　『名経営者が、なぜ失敗するのか？』　日経ＢＰ社

　監査委員や監査事務局担当者は、異常点として現れる初期警告サインをつかむ工夫も必要です。

　ところが、どうもこれがうまくいっていないようです。少なからず発生している不適正な会計処理等という現実に、会計検査院や総務省も危機感を持っています。

　総務省は『地方公共団体の監査機能に係る課題について』（地方行財政検討会議第二分科会、平成22年３月19日）、『地方公共団体の財務制度の見直しに関する報告書』（平成27年12月、地方公共団体の財務制度に関する研究会）などを通じ、不適正な会計処理等について指摘しています。以前は官官接待やカラ

出張、近年はプール金などの不適正な会計処理等が問題となっています。

監査委員や監査事務局担当者は、不適正な会計処理等についての知識を持ち合わせておく必要もあります。

不正に詳しい弁護士、國廣正氏は次のように述べています。

ノー・バランシング

『なぜ企業不祥事は、なくならないのか』　日本経済新聞社

ノー・バランシングとは、違法行為のリスクをとることはできない、比較衡量（バランシング）することは許されない、ということを意味し、概念的に次のような算式で表現できます。

違法行為により得られる利益
＝発見された場合に被る損害×発見される確率

違法行為により得られる利益と、違法行為が発見される確率をバランシングするような組織ではなく、違法行為を予防し、もし違法行為が行われていたとしても早期に発見できる、いわゆる内部統制の仕組みを備える必要があります。

そのために、監査委員や監査事務局担当者は、単に批判するだけではなく、監査等の実施過程の中で、住民の福祉の増進と地方公共団体への信頼確保に資するように組織をより良くするため、指導性を発揮する必要もあるわけです。

これがあるべき監査委員監査の本質の1つだと思います。

本書では、地方公共団体の監査委員監査において必要となる財務監査等の基本知識、財務書類をはじめとする計数の見方、不適正な会計処理等の実態や防止策などを主に扱います。

そもそも都道府県も市町村も、地方自治法の規定に基づき監査等を行うので、持つべき視点は基本的に変わりません。

そこで本書は、平成29（2017）年に改正された地方自治法や総務省などから公表されている監査委員監査に関する文献資料などを紐解きながら、監査委員や監査事務局担当者に学んで欲しい内容をできるだけコンパクトに、99の論点

に絞って解説しています。

　ちなみに、筆者はこれまで監査などの分野で活動してきましたが、恩師の一人である野々川幸雄先生は、自著で次のような指摘をされています。

> 異常点試査と統計的試査の2つが融合し、渾然一体となったとき、監査技法は一段の飛躍を遂げるはずであると思う。
>
> 『勘定科目別　異常点監査の実務』　中央経済社

　私たちが普段使うExcelで不正会計の兆候を把握することが可能です。監査委員や監査事務局担当者にも、ぜひチャレンジしてもらいたいと思います。

> 「リスク」を見極めコントロールする。
> 現実的な「内部統制」を整備・運用する。
> 監査に「会計知識」は必須である。

　こうしたことを前提に、監査委員や監査事務局担当者に知っておいていただきたい基礎的な会計や監査等の知識について、次のようにまとめてみました。
　第1章で、監査等の前提となる会計の基礎知識を説明します。
　第2章で、地方自治法の改正経緯や監査実務について解説します。
　第3章で、財務監査等の監査技術等を具体的にイメージできるようにします。
　第4章で、財務監査等の着眼点を事例別に見ます。
　第5章で、不祥事件、不正会計の異常点を発見する目線を学びます。

「数字」はコミュニケーションツール

　2017年12月

一般社団法人価値創造機構
公認会計士　村井　直志

法令名の略語について

　文中で用いている略語は次のとおりです。

法：地方自治法

改正法：平成29（2017）年改正の地方自治法

自治令：地方自治法施行令

公企法：地方公営企業法

公企令：地方公営企業法施行令

条例会計規則等：会計条例、予算決算会計規則等

条例契約規則等：契約・財務条例、契約規則、財産管理規則等

業法：建設業法

独禁法：私的独占の禁止及び公正取引の確保に関する法律

政資規法：政治資金規正法

公選法：公職選挙法

支払遅延防止法：政府契約の支払遅延防止等に関する法律

民：民法

刑：刑法

適正化法：補助金等に係る予算の執行の適正化に関する法律

地財法：地方財政法

地公労法：地方公営企業労働関係法

監基法：監査基準委員会報告

＊文中に特に指示がない限り、平成29（2017）年12月１日現在の法令に基づいて作成しています。

よくわかる「自治体監査」の実務入門

目　次

はじめに

法令名の略語について

第1章
財務監査等に必要な会計の基礎知識

▶ **財務書類を眺める流儀** ⋯⋯⋯⋯⋯⋯⋯⋯⋯⋯⋯⋯⋯⋯⋯⋯⋯⋯⋯⋯ 16
　異常点を把握するために必要な３つの目／財務書類攻略の流儀を押
　さえよう

▶ **財務書類の構造と相互関係** ⋯⋯⋯⋯⋯⋯⋯⋯⋯⋯⋯⋯⋯⋯⋯⋯⋯ 18
　「つながり」を意識すると「数字」への理解が深まる

▶ **ＢＳ貸借対照表の基礎知識** ⋯⋯⋯⋯⋯⋯⋯⋯⋯⋯⋯⋯⋯⋯⋯⋯⋯ 20
　「財政状態」を表わすＢＳ／資産・負債の流動・固定の分類方法は
　２つ／オフバランスとオンバランス

▶ **ＰＬ行政コスト計算書の基礎知識** ⋯⋯⋯⋯⋯⋯⋯⋯⋯⋯⋯⋯⋯ 22
　「経営成績」を表わすＰＬ

▶ **基本財務２表、ＰＬとＢＳの関係** ⋯⋯⋯⋯⋯⋯⋯⋯⋯⋯⋯⋯⋯ 23
　「５つの箱」と「１本の線」

▶ **ＮＷ純資産変動計算書とＣＦ資金収支計算書** ⋯⋯⋯⋯⋯⋯ 24
　純資産の変動を明らかにするＮＷ／資金収支の状態を明らかにする
　ＣＦ

▶ **損益計算の基本原則** ⋯⋯⋯⋯⋯⋯⋯⋯⋯⋯⋯⋯⋯⋯⋯⋯⋯⋯⋯⋯⋯ 26
　実現した分の収益だけを損益計算に反映させる

▶ 残高管理の重要性 28

これまで以上に問われる「残高管理」／「Price単価×Quantity数量」でプロセスを管理する／「Ｐ×Ｑ」で「入・出・残」を管理する

▶ 残高管理に必要な技術 30

数値で管理すべきは、結果よりプロセス

▶ 債権管理の仕組み 32

与信管理もマネジメントの大事な仕事／「団子消し」という異常点／「取り込み詐欺」という異常点

▶ 在庫管理の基礎知識 34

在庫の情報と現物が整合していない「情物不一致」を避ける／「情物一致」に欠かせない実地棚卸

▶ 減価償却の基礎知識 36

減価償却の本質は「３つの側面」から理解できる

▶ 非資金取引等と非資金仕訳 38

歳入歳出データに現われない資産・負債の増減もチェック

▶ 財務書類の作成手順 40

手入力の決算整理仕訳はすべてチェックする／連結財務書類の作成手順

▶ 引当金の基礎知識 41

決算書に計上しなければならない引当金の要件

▶ 減損会計の基礎知識 42

公営企業では減損会計が適用される／減損会計と投資損失引当金の違い

▶ 会計上の見積りと虚偽表示リスク 44

会計上の見積りにおける５つのプロセス／会計上の見積りと粉飾の関係／重要な虚偽表示リスクへの対応方法

CONTENTS

第2章
地方自治法と監査実務

▶ **地方公共団体の監査基準を巡る法改正の動向** ················ 48
平成29（2017）年地方自治法の改正内容

▶ **地方自治法の改正経緯と求められる監査基準等** ················ 50
押さえておきたい３つの枠組み／監査委員が定めるべき監査基準の
４つの大枠

▶ **監査委員の権限と倫理規範** ················ 54
住民の期待に応えるために遵守しなければならないこと

▶ **監査等の種類** ················ 56
地方公共団体における２つの監査

▶ **地方公共団体におけるガバナンスの基本構造** ················ 58
従来、監査基準がない団体が半数近くも

▶ **公監査の体系** ················ 60
公監査の類型区分等を押さえる

▶ **監査委員監査と公認会計士監査との比較** ················ 61
監査委員監査と公認会計士監査の類似性

▶ **外部監査制度の基本的な仕組み** ················ 62
外部監査制度には２種類ある

▶ **監査等の目的** ················ 64
住民の視点に立つ必要性／根拠法を前提に監査基準を策定する

▶ **指導的機能の発揮** ················ 66
改善や修正の助言等

▶ **監査等の品質管理と相互配慮等** ················ 67
監査等の品質管理／監査委員相互間の配慮

▶ 監査調書の作成及び保存 68

「監査調書＝公文書にあたるもの」と考えられる／監査調書の種類
／リファー、リファレンス

▶ 監査の流れ 70

事例をもとにフローをチェックしよう

▶ 監査等の証拠と合理的な基礎 72

証拠力の強い直接証拠を入手する必要あり／監査等の証拠

▶ 監査等の計画 74

リスクを考慮して監査等の計画を策定する

▶ 虚偽表示リスクと監査計画 75

監査等の計画と虚偽表示リスク

▶ 実施すべき監査等の手続で考慮すべき事項 76

実施すべき監査等の手続は内部統制の有効性次第

▶ 監査等の手続を定めるにあたり考慮すべき要点 77

監査等の要点

▶ 試査と精査 78

試査と精査の定義／標準サンプル数は25件／無作為抽出法（ラン
ダムサンプリング）／系統的抽出法と金額単位抽出法／階層化

▶ 不正の兆候もしくは不正の事実を発見した場合 84

不正を発見したら追加手続／１件の大失敗の裏側にあるもの（ハイ
ンリッヒの法則）

▶ 監査報告等の提出と合議 86

住民にとってわかりやすい表現で公表する／合議の特例（改正法第
75条第５項、改正法第199条第13項）

▶ 監査報告等に記載すべき基本的事項 88

責務を全うしていることを主張する

▶ 報告の徴取 90

公金等の検査結果の報告を求めることができる

▶ 監査報告等の公表 91

公表対象とは

CONTENTS

▶**措置状況の報告等** 92
　　監査委員の重要な役割

第3章
財務監査等の基礎知識

▶**財務監査の意義** 94
　　財務監査の視点と範囲

▶**実施すべき監査等の手続** 96
　　最低限の簿記の知識と異常点を的確に把握するノウハウが必要

▶**実 査** 98
　　実査のポイント

▶**現金出納の異常点** 100
　　異常なキャッシュ推移の兆候把握

▶**不可解な一致とカイティング** 103
　　不正行為を隠す目的で行われるカイティング

▶**預金取引高の異常点** 104
　　帳簿と当座預金照合表の突合

▶**不正を隠蔽するラッピング** 106
　　債権をたらい回しにする古典的な入金操作

▶**立 会** 108
　　立会のポイント／実地棚卸の立会に関する一般的な留意点

▶**確 認** 110
　　簿外取引等が回答される場合もある

▶**突 合** 111
　　あるべき「入・出・残」から異常点を把握

▶ 分析的手続 112

推定値と財務情報で大局的に比較・検討する／地方公営企業における利益率の異常点

▶ 質 問 114

「聴く」「質問する」ことが監査等の基本

▶ 情報収集のための主な質問形式 116

主な質問形式を押さえよう

▶ 観察と閲覧 118

観察の意義／ＩＴへの対応／閲覧の意義

▶ 一般的に行われるその他の監査等の手続 120

監査等の手続を駆使する

▶ 内部統制の意義 122

内部統制の有効性を前提とする監査実務

▶ 内部統制の仕組み 126

2つの統制・コントロール機能

▶ リスク・アプローチの意義 128

監査資源は効果的かつ効率的に配分する／3つの監査リスク

▶ 地方公共団体を取り巻くリスク 130

様々なリスクを知ることが内部統制の第一歩

▶ 3点セットと先行事例 134

内部統制を把握する仕組みが必要

▶ 改正自治法と内部統制 138

内部統制に関する方針の必須対象は「財務に関する事務」／施行期日は2020年4月1日から／内部統制の制度化における主な留意点

▶ 内部統制基本方針 140

内部統制基本方針として定める体制

▶ 内部統制制度の設計プロセス 141

具体的な設計プロセスの概略

CONTENTS

▶ **ＰＤＣＡサイクルと内部統制評価報告書** ⋯⋯⋯⋯⋯⋯⋯⋯ 142
  監査委員がモニタリングできるだけの十分な情報を記載する

▶ **監査委員監査の指摘事例** ⋯⋯⋯⋯⋯⋯⋯⋯⋯⋯⋯⋯⋯⋯⋯ 144
  異常点を抽出するにはＣＡＡＴの利用も欠かせない

第4章
財務監査等の着眼点

▶ **公有財産・物品・基金の取得管理** ⋯⋯⋯⋯⋯⋯⋯⋯⋯⋯⋯ 146
  財産を経済的、効率的に使用しているか

▶ **使用料・手数料の徴収** ⋯⋯⋯⋯⋯⋯⋯⋯⋯⋯⋯⋯⋯⋯⋯⋯ 148
  利用者間の公平性等は保たれているか

▶ **税の徴収** ⋯⋯⋯⋯⋯⋯⋯⋯⋯⋯⋯⋯⋯⋯⋯⋯⋯⋯⋯⋯⋯ 150
  納税者間の公平性等は保たれているか

▶ **補助金・負担金** ⋯⋯⋯⋯⋯⋯⋯⋯⋯⋯⋯⋯⋯⋯⋯⋯⋯⋯⋯ 152
  補助交付団体への指導監督の合規性等は保たれているか

▶ **契約** ⋯⋯⋯⋯⋯⋯⋯⋯⋯⋯⋯⋯⋯⋯⋯⋯⋯⋯⋯⋯⋯⋯⋯ 154
  契約事務の関係法令への準拠性等は保たれているか

▶ **貸付金** ⋯⋯⋯⋯⋯⋯⋯⋯⋯⋯⋯⋯⋯⋯⋯⋯⋯⋯⋯⋯⋯⋯ 161
  回収事務の合規性等は保たれているか

▶ **委託料** ⋯⋯⋯⋯⋯⋯⋯⋯⋯⋯⋯⋯⋯⋯⋯⋯⋯⋯⋯⋯⋯⋯ 162
  経済的な契約内容になっているか

▶ **施設管理** ⋯⋯⋯⋯⋯⋯⋯⋯⋯⋯⋯⋯⋯⋯⋯⋯⋯⋯⋯⋯⋯ 165
  人件費等と使用料収入の費用対効果分析等の妥当性を問われる

▶ **人件費** ⋯⋯⋯⋯⋯⋯⋯⋯⋯⋯⋯⋯⋯⋯⋯⋯⋯⋯⋯⋯⋯⋯ 166
  大きな比重を占めるからこそ要注意

▶ **需用費** 170
カラ懇談会等の不正支出が批判を受けたケースも

▶ **清掃事業** 173
廃棄物の問題は、資源や環境の保全に大きくかかわる

▶ **旅費** 174
カラ出張等の不正支出が批判を受けたケースも

▶ **土地** 176
未利用状態が長期に及ぶこと等があるがゆえに要注意

▶ **教育関係** 178
教育支出は一般会計で大きな割合を占める

第5章
不適正な会計処理等への対峙法

▶ **不正会計の定義** 182
根源に「不正のトライアングル」がある

▶ **随時監査と牽制機能** 185
想定外の抜き打ち監査が緊張感を生み出す

▶ **不適正な会計処理等の事例** 186
昨今の不適正事例

▶ **不適正な会計処理の仕組みと防止策** 190
裏金やプール金等に要注意

▶ **CAATコンピュータ利用監査技法** 192
コンピュータ利用監査技法のあらまし／CAATは実務に役立つ／
実効性ある監査等の体制構築とCAAT

▶ **経営管理に有効な10個のExcel機能** 196
これだけは理解しておきたいExcel機能／特に押さえておきたい3
つの機能

CONTENTS

▶ **データをスライスするピボットテーブル** 198
　　　マウス操作だけで新鮮な視点を得られる

▶ **VLOOKUPという検索ツール** 200
　　　実行時の"お約束"

▶ **ＣＡＡＴによるデータ概況把握の基本** 202
　　　異常点と向き合う際はデータを「鳥の目」で眺めるのが大切

▶ **ピボットテーブルによる概況把握法** 204
　　　不正会計と対峙できるピボットテーブル

▶ **サブシステムからの転記状況の把握** 206
　　　手入力仕訳に注目する

▶ **ベンフォード分析** 208
　　　データの異常なパターンを識別

▶ **承認と閾値** 212
　　　「４つの視点」と「５つの着眼点」で承認の妥当性を検証する

▶ **相関分析と外れ値** 216
　　　推計で不正会計と対峙する

▶ **裏金の仕組みと予防・発見** 220
　　　預け金、プール金…問題視される「裏金」／「事前」の予防統制／事
　　　後の発見統制

▶ **不正支出とキックバック** 224
　　　不正ができないシステムの構築を

▶ **潜在リスクのスクリーニング** 226
　　　往査先を効率的・効果的に選定する

▶ **異常な支払データと多重払** 229
　　　不正のトライアングルの「機会」を与えてはいけない

主な参考文献　　230

カバーデザイン／志岐デザイン事務所（萩原睦）
本文ＤＴＰ／一企画

第 1 章

財務監査等に必要な
会計の基礎知識

　監査委員や監査事務局担当者が担う監査等の対象は、地方公共団体にとどまりません。水道事業や公立病院などもあれば、地方公営企業、地方公社、第三セクター、財政援助団体なども監査等の対象となります。
　第1章では、こうした多種多様な「数字」と向き合う必要がある監査委員や監査事務局担当者に必要な「数字」の基礎知識、「数字」を見る心構えなどを解説します。

財務書類を眺める流儀

異常点を把握するために必要な３つの目

経営＝Management。何とか切り盛りする、こうした意味が含まれます。

経営はいつも順風満帆ではありません。世の中わからないことだらけ、いつ何が起こるかもわかりません。それでも何とか切り盛りしようと経営に携わる人たちは「数字」を活用し、未来を見通そうと工夫を凝らします。

経営を切り盛りしなければならない人たちは、危機察知能力を高めるために図に示した「３つの目」を持ち合わせ、異常点を観る必要があります。

強いと言われる経営には「鳥・虫・魚」の３つの目があり、経営状況を絶えず見張る複眼があります。だから、どんな状況でも経営できるのです。

地方公共団体等を取り巻く環境は今後、少子高齢化をはじめ、厳しい状況が続きそうです。

監査委員や監査事務局担当者の皆さんには、異常点を把握するために必要な「鳥・虫・魚の目」という３つの視点を、本書を通じてしっかり身に着けてほしいと思います。

財務書類攻略の流儀を押さえよう

財務諸表を攻略する際は次の３点を意識するようにしましょう。

①財務書類を一体でとらえる

財務書類４表または財務書類３表の「数字」の繋がりを把握してください（18〜19ページ）。１つの指標にとらわれず、総合的に判断してください。

②比較を行う

自団体のデータであれば、最低でも３期分、できれば10期分程度のデータを準備し、時系列に並べ、トレンドをつかむ「趨勢比較」は欠かせません。その際、構成比の変化に留意し、異常点を把握するのもポイントです。

ベンチマーク（標準）とすべき他団体等との「他者比較」も有用です。ただ、他者データは詳細までわからないことも多く、割り切りも必要になります。

③結果をまとめ「数字」を活かす

「数字」の利用者を想定し、現状の課題や今後の展望などをビジュアルにもこだわって、Excelのグラフ機能などでわかりやすくまとめることも大切です。

16

鳥の目、虫の目、魚の目

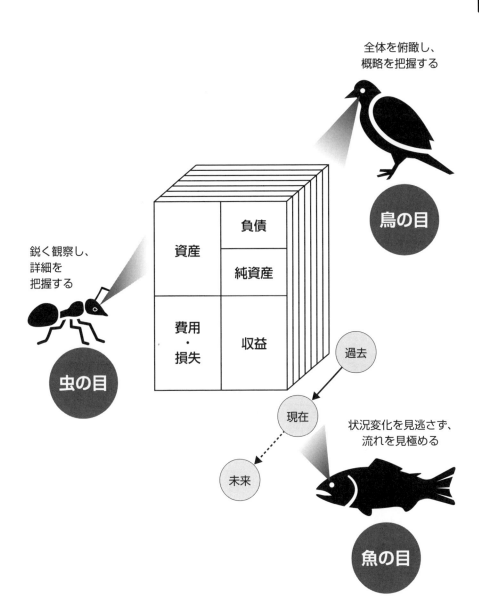

財務書類の構造と相互関係

「つながり」を意識すると「数字」への理解が深まる

　図は『統一的な基準による地方公会計マニュアル』にある財務書類の概念図です。

　ちなみに、下図に示す財務書類4表の行政コスト計算書＋純資産変動計算書＝右図に示す財務書類3表の行政コスト及び純資産変動計算書となります。

　財務書類の構造と相互のつながりを意識することで「数字」への理解が深まります。

財務書類4表構成の相互関係

貸借対照表		行政コスト計算書	純資産変動計算書	資金収支計算書
資産	負債	経常費用	前年度末残高	業務活動収支
うち現金預金		経常収益	純行政コスト	投資活動収支
		臨時損失	財源	財務活動収支
		臨時利益	固定資産等の変動	前年度末残高
	純資産	純行政コスト	本年度末残高	本年度末残高

＋本年度末
歳計外現金残高

※1　貸借対照表の資産のうち「現金預金」の金額は、資金収支計算書の本年度末残高に本年度末歳計外現金残高を足したものと対応します。
※2　貸借対照表の「純資産」の金額は、純資産変動計算書の本年度末残高と対応します。
※3　行政コスト計算書の「純行政コスト」の金額は、純資産変動計算書に記載されます。

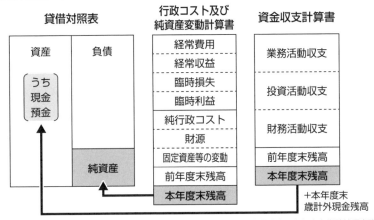

※1 貸借対照表の資産のうち「現金預金」の金額は、資金収支計算書の本年度末残高に本年度末歳計外現金残高を足したものと対応します。
※2 貸借対照表の「純資産」の金額は、行政コスト及び純資産変動計算書の本年度末残高と対応します。

コラム　官庁会計と企業会計

いわゆる「従来型の官庁会計」と「企業会計」には、大きな差が3つあります。

従来型の官庁会計	企業会計
単式簿記	複式簿記
現金主義（収入・支出）	発生主義（収益・費用）
予算主義（単年度主義） ①前決め ②支出を前提とした予算 ③裁量権が狭い	確定決算主義（継続企業の原則） ①結果責任 ②実績主義　←残高管理の重要性増 ③裁量権が広い

そもそも「従来型の官庁会計」では、地方公共団体の真の経営実態が見えません。

こうしたことから、「企業会計」に近づけ経営実態を把握する仕組みが導入されました。

ＢＳ貸借対照表の基礎知識

「財政状態」を表わすＢＳ

貸借対照表（Balance Sheet、ＢＳ）は、基準日時点の財政状態を「資産」「負債」「純資産」という３つの箱で表わし、資産＝負債＋純資産という関係があります。

資産	現在・将来のキャッシュを表わすことから、概念的に「積極財産」と呼び、大きく分けて３つあります。 ①現金・預金のような「キャッシュそのもの」 ②未収分（売上代金の未収分＝売掛金等）のように回収したり、棚卸資産（商品、製品等）のように売買すれば将来「キャッシュになるもの」 ③建物等の固定資産のように生産活動で「キャッシュを生み出すもの」
負債	「消極財産」とも呼ばれ、将来「キャッシュを支払うもの」、ツケで買った仕入代金＝買掛金や、金融機関からの借入金などが代表的な負債科目です。
純資産	積極財産と消極財産の差額、だから「純資産」です。地方公共団体の「純資産」は、固定資産等形成分と余剰分（不足分）で構成されます。一般的に、元手の「資本金」、過去からの「利益」の累積である「剰余金」等から構成されます。

資産・負債の流動・固定の分類方法は２つ

地方公共団体等は原則、１年基準です。また、『統一的な基準による地方公会計マニュアル』では、固定から流動の順に並べる固定性配列となっています。

コラム　１年基準と営業循環基準

資金化までの期間を「１年」という基準で区分する方法を、１年基準といいます。
決算日の翌日から起算して１年以内に決済されるものは流動、１年超は固定。
１年基準に対し、（正常）営業循環基準もあります。売掛金や棚卸資産、買掛金で１年を超えて資金化される場合も、営業サイクルの中にあるものは流動に区分します。営業サイクルとは、現金→購買・支払→在庫→販売・回収→現金…というサイクルをいいます。

オフバランスとオンバランス

貸借対照表に計上しない＝オフする取引、簿外取引を「オフバランス」と言います。21世紀を境に、従来オフバランス＝財務書類に反映していなかったデリバティブ取引やリース取引などが、「オンバランス」＝財務書類に反映されることになりました。これは、ＩＦＲＳ＝国際財務報告基準など会計ルールのグローバル化により、原価主義から時価主義に変更された影響によります。

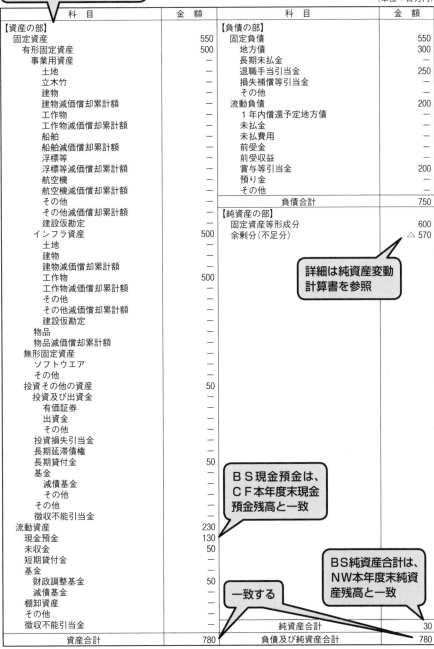

ＰＬ行政コスト計算書の基礎知識

「経営成績」を表わすＰＬ

行政コスト計算書（一般に損益計算書、Profit and Loss statement、ＰＬ）は、会計期間中の地方公共団体の費用・収益の取引高を明らかにする財務書類です。ＰＬは一般的に「経営成績」を表わします。

行政コスト計算書は、**経常費用**（毎期経常的に発生する費用）、**経常収益**（毎期経常的に発生する収益）、**臨時損失**（臨時に発生する費用）、**臨時利益**（臨時に発生する収益）に区分して表示します。

収支尻として計算される「純行政コスト」は、純資産変動計算書に対応します。

行政コスト計算書

自　〇年□月◇日
至　×年〇月△日

（単位：百万円）

科　目	金　額
経常費用	620
業務費用	620
人件費	600
職員給与費	150
賞与等引当金繰入額	200
退職手当引当金繰入額	250
その他	－
物件費等	20
物件費	20
維持補修費	－
減価償却費	－
その他	－
その他の業務費用	－
支払利息	－
徴収不能引当金繰入額	－
その他	－
移転費用	－
補助金等	－
社会保障給付	－
他会計への操出金	－
その他	－
経常収益	50
使用料及び手数料	50
その他	－
純経常行政コスト	△ 570
臨時損失	－
災害復旧事業費	－
資産除売却損	－
投資損失引当金繰入額	－
損失補償等引当金繰入額	－
その他	－
臨時利益	－
資産売却益	－
その他	－
純行政コスト	△ 570

> ＰＬ純行政コストは、ＮＷ純行政コストと一致

22

基本財務2表、ＰＬとＢＳの関係

「5つの箱」と「1本の線」

貸借対照表＝ＢＳと損益計算書＝ＰＬ（行政コスト計算書）が、基本の財務2表です。

ＢＳで3つ（①〜③）、ＰＬで2つ（④⑤）、合計5つの箱の意味と位置を理解することが、複式簿記や「数字」を理解するために必要です。

一般に、ＰＬで求める利益（④収益－⑤費用・損失）の毎期の積み重ねが、ＢＳの③純資産・剰余金に反映され、利益が橋渡し役となり、上に①〜③の3つの箱でＢＳ、下に④⑤の2つの箱でＰＬというように、ＢＳとＰＬを上下に重ねることができると説明され、図のように表現できます。この基本的な仕組みは、地方公共団体の財務諸類においてもほぼ同じです。

そうすると、図のようにＢＳとＰＬの間に一本の線が現われます。この線を理解し、図表のＡを知ることが「会計」を理解するポイントの1つになります。

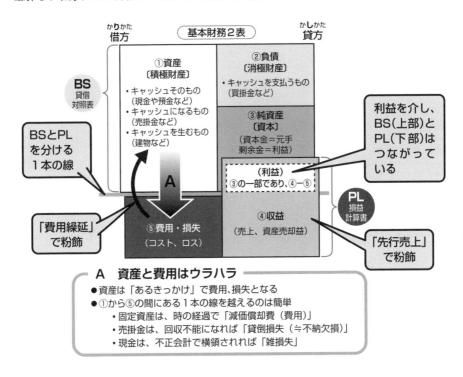

ＮＷ純資産変動計算書とＣＦ資金収支計算書

純資産の変動を明らかにするＮＷ

　純資産変動計算書（Net Worth statement、ＮＷ）は、会計期間中の地方公共団体の純資産の変動を明らかにします。ＢＳ純資産の内訳を示します。

　一般の純資産変動計算書（事業会社の場合の株主資本等変動計算書）と違う点は、**地方公共団体の売上高に相当する「税収」が、ＰＬではなく、当該ＮＷに「財源」として記載される**点です。

　財務書類３表構成の場合、先述したＰＬ行政コスト計算書の下に、当該ＮＷ純資産変動計算書を加え、「行政コスト及び純資産変動計算書」として表現されます。

純資産変動計算書

自　○年□月◇日
至　×年○月△日

（単位：百万円）

科　目	合　計	固定資産等形成分	余剰分（不足分）
前年度末純資産残高	－	－	－
純行政コスト（△）	△ 570		△ 570
財源	600		600
税収等	500		500
国県等補助金	100		100
本年度差額	30		30
固定資産等の変動（内部変動）		600	△ 600
有形固定資産等の増加		500	△ 500
有形固定資産等の減少		－	－
貸付金・基金等の増加		100	△ 100
貸付金・基金等の減少		－	－
資産評価差額		－	
無償所管換等		－	
その他		－	
本年度純資産変動額	30	600	△ 570
本年度末純資産残高	30	600	△ 570

> **ＰＬ純行政コストは、ＮＷ純行政コストと一致**

> **ＮＷ本年度末純資産残高は、ＢＳ純資産合計と一致**

> 【ＣＦ】投資活動支出のうち公共施設等整備費支出

> 【ＣＦ】投資活動支出のうち基金積立金支出＋貸付金支出

資金収支の状態を明らかにするＣＦ

　資金収支計算書（キャッシュフロー計算書、Cash Flow statement、ＣＦ）は、地方公共団体の資金収支の状態を明らかにする財務書類です。

　「収支尻の本年度末資金残高＋本年度末歳計外現金残高＝本年度末現金預金残高＝ＢＳ現金預金」という関係があります。

資金収支計算書

自 ○年□月◇日
至 ×年○月△日

(単位：百万円)

科　目	金　額
【業務活動収支】	
業務支出	170
業務費用支出	－
人件費支出	150
物件費等支出	20
支払利息支出	－
その他の支出	－
移転費用支出	－
補助金等支出	－
社会保障給付支出	－
他会計への繰出支出	－
その他の支出	－
業務収入	500
税収等収入	450
国県等補助金収入	－
使用料及び手数料収入	50
その他の収入	－
臨時支出	－
災害復旧事業費支出	－
その他の支出	－
臨時収入	－
業務活動収支	330
【投資活動収支】	
投資活動支出	600
公共施設等整備費支出	500
基金積立金支出	50
投資及び出資金支出	－
貸付金支出	50
その他の支出	－
投資活動収入	100
国県等補助金収入	100
基金取崩収入	－
貸付金元金回収収入	－
資産売却収入	－
その他の収入	－
投資活動収支	△ 500
【財務活動収支】	
財務活動支出	－
地方債償還支出	－
その他の支出	－
財務活動収入	300
地方債発行収入	300
その他の収入	－
財務活動収支	300
本年度資金収支額	130
前年度末資金残高	－
本年度末資金残高	130
前年度末歳計外現金残高	－
本年度歳計外現金増減額	－
本年度末歳計外現金残高	－
本年度末現金預金残高	130

> ＣＦ本年度末現金預金残高は、ＢＳ貸借対照表の現金預金と一致

損益計算の基本原則

実現した分の収益だけを損益計算に反映させる

決算対象期間は、1年間などのように区切られています。

すると、公営企業や病院会計でいう売上高のような収益はできるだけ早めに、売上原価のような費用や損失はできるだけ遅く計上すれば、その期の利益を多めに計算できてしまいます。これが過度に進めば、利益を過大計上する粉飾という不正会計に抵触もします。

こうした点を防止し、**正しい期間損益計算を行うには、原則、その期に発生した費用と、実現した収益を、適切に対応させて取引計上する必要があります。**これを「費用収益対応の原則」と呼びます。『企業会計原則』がこれを規定しています。

> 費用及び収益は、その発生源泉に従って明瞭に分類し、各収益項目とそれに関連する費用項目とを損益計算書に対応表示しなければならない。
> 　　　　　　　　『企業会計原則』第二　損益計算書原則（損益計算書の本質）一C

ここで対応させるのは、「発生した費用」と「実現した収益」です。

> すべての費用及び収益は、その支出及び収入に基づいて計上し、その発生した期間に正しく割当てられるように処理しなければならない。ただし、未実現収益は、原則として、当期の損益計算に計上してはならない。
> 　　　　　　　　『企業会計原則』第二　損益計算書原則（損益計算書の本質）一A

「費用は発生、収益は実現」ということが示されていますが、ポイントは、**発生した収益のうち、より確実な実現した分の収益だけを、損益計算に反映させようと考えている点です。**これを「実現主義」と呼びます。

正しい期間損益計算を行うには、企業会計原則のような会計の基本的な考え方や複式簿記の知識も必要です。基本があれば、右図のような先行売上や費用繰延という粉飾手口、これからも登場するであろう新会計ルールにも対応できるようになるわけです。

コラム　　公営企業における3月納品・4月支払の費用計上のタイミング

地方公営企業法施行令第11条第1項に「支払を伴う費用については、債務の確定した日の属する年度。ただし、保険料、賃貸料その他これらに類するものについては、保険、賃借その他支払の発生の原因である事実の存した期間の属する年度」とあります。

3月納品・4月支払の費用は、費用発生時の3月に計上する必要があります。

費用収益対応の原則に反する「先行売上」と「費用繰延」という粉飾手口

「先行売上」は翌期の売上を先取りする粉飾手口。先行売上で、翌期の売上はマイナスからスタートすることになってしまいます。これを発見・防止するために「**カットオフ**（cutoff）」を実施します。締切日までに発生したすべての取引が正しく計上されているか、締切日以降の取引が誤って紛れ込んでいないか、組織が採用する収益認識基準に照らし、当期に計上された売上高等の収益計上の妥当性を証憑を突合するなどして検証する必要があります。

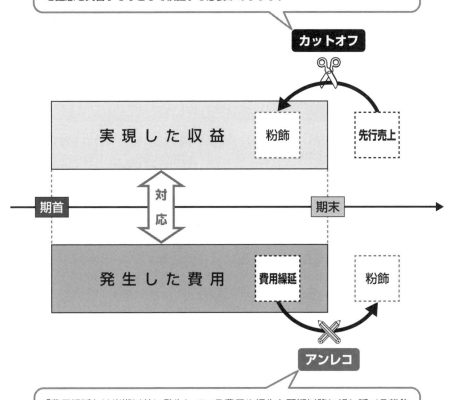

「費用繰延」は当期以前に発生している費用や損失を翌期以降に繰り延べる粉飾手口。決算手続の1つとして、翌期計上分の請求書等の証憑を見る（証憑通査）などで、「**アンレコ**（unrecorded liabilities）」、つまり記録されていない負債や費用・損失がないか検証します。また、回収できない売掛金や売ることができない商品・製品などの不良資産として、本来計上すべき費用・損失が資産に紛れ込んでいることもあるので、確認や実査などにより資産計上の妥当性を検証する必要もあります。

残高管理の重要性

これまで以上に問われる「残高管理」

「収入・支出」で処理することが当たり前だった官庁会計では、往々にして「支出したら終わり」、結果として曖昧な「残高管理」しかできないということもあったと思います。事実、ダムのような大きな施設の建設にいくらかかり、取得原価がいくらで、現在いくらの帳簿価格になっているかがわからなくなっている地方公共団体もあると聞きます。

BSを作成するようになれば、キャッシュや固定資産等の「残高管理」がこれまで以上に問われることになります。

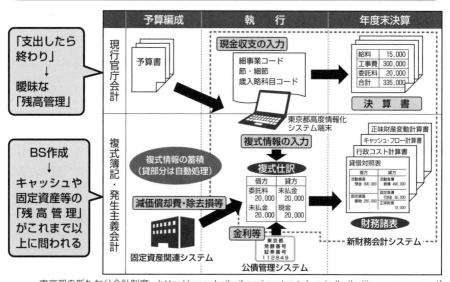

東京都の新たな公会計制度　http://www.kaikeikanri.metro.tokyo.jp/kaikeijimunonagare.gif

「Price単価×Quantity数量」でプロセスを管理する

経営管理は、**業務プロセスを理解し**、「**P×Q**」で管理するのがポイントです。ビジネスでは、結果が出ずに途中段階で「残高」となっている場合もあれば、売上実績のように「結果」として現われている場合もあります。「数値で管理すべきは、結果よりプロセス」と言われもしますが、強い経営を行うには「結果」だけではなくプロセス途中の「残高」管理も必要です（次項参照）。

そもそも売上高という「結果」は、販売単価（P）1万円のものを1万個（Q）販売している、つまりP単価×Q数量＝売上高1億円なのです。

これは他のPL損益計算書項目でも同じこと。アルバイトの賃金＝P時間給×Q作業時間。光熱費＝P電力単価×Q使用時間。やはり「P×Q」です。

BS貸借対照表項目も同様。現金を「実査」（現金のような実物を数える調査）をして1万円札が5枚あれば、P金種単価1万円×Q実査数量5枚＝現金の当日手許残高5万円。未払地代の計上額＝P地代×Q未払月数。資本金の増資額＝P1口当たり増資額×Q増資口数。

実際の決算書では「P×Q」の結果しか見えていませんが、その裏に「P×Q」がある、このことに気づくと数字の見方が変わります。

「P×Q」で「入・出・残」を管理する

残高管理のポイントは、「入る」「出る」「残る」の見極めにあります。
たとえば、当期末の売掛金残高は、次のように計算しています。

- 当期に販売され、売掛金の増加があって「入る」
- 当期に現金入金回収され、クレーム等で返品され、貸倒れで回収できず、先方の要請に応じ値引き、これらによる売掛金の減少で「出る」
- この「入る」を期首の売掛金残高（＝前期末の売掛金残高「残る」）に足し、「出る」を差し引き、当期末の売掛金残高として「残る」

しかも、これら「入る」「出る」「残る」は「P×Q」で表現できます。

入る＝販売単価（P）×販売数量（Q）
出る＝回収・返品・貸倒・値引き等の単価（P）×それぞれの数量（Q）
残る＝未回収の販売単価（P）×未回収の販売数量（Q）

残高管理のポイントは「入・出・残」の把握にある

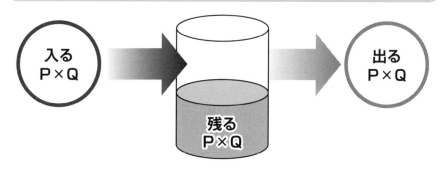

残高管理に必要な技術

数値で管理すべきは、結果よりプロセス

　強い経営を行うには、売上実績という取引記録のような「結果」だけではなく、途中段階の「残高」を管理する必要もあります。その痕跡は帳簿に記録されますから、各勘定科目の帳簿記録の内容を分析する必要もあります。

　勘定分析を行う際、**仮払金や仮受金、雑収入や雑損失のような雑勘定には留意してください。**不正実行者の立場で考えれば、売掛金や買掛金のような主要科目では不正の痕跡が見つかりやすいので、普段使わない雑多な勘定科目のほうが痕跡を隠しやすいといえます。そのため、雑勘定の内容を把握するのはポイントです。

　また、勘定分析する際、内訳明細等で「その他」のようにまとめられている残高も要注意です。単なる差額としている場合や、不正の隠蔽策として利用されている場合などもあるので、「その他」の内容を把握する必要もあります。残高があれば、必ず明細がある、固定資産であれば固定資産台帳と一致する、こうした視点で計数を眺めるようにしてください。

　現物管理も重要な経営管理ポイントです。これは、現物の定期的な実査（実地調査）が基本になります。現金があれば現金実査は必須、商品や製品のような在庫という棚卸資産であれば、実地棚卸（実棚）が必要です。機械や車両などの有形固定資産であれば、新規購入・除却・売却・減価償却などを通じ増減もしますので、資産が実在するか、定期的に実査して検証する必要もあります。

　なかでも、公立病院等で見かける検査機器のような小さくて高額なものは紛失・横領リスクもあります。**連番が付された管理シールの貼付、保管場所・数量が明記された台帳整備**などもポイントです。残高管理の基本は連番管理にあることも覚えておきましょう

　そもそも残高管理の過程では「確かに残高がある」ことの検証にあります。

　受取手形や売掛金という売上債権、銀行預金、保管倉庫に預けている在庫、買掛金や借入金など主要な残高項目は、得意先・金融機関・業者・仕入先・債務者等に対し残高確認書への回答を求める残高確認を行う必要もあります。想定と違う回答であれば、調査が必要になります。また、合意、契約または取引に係る条件や付帯契約のような一定の条件の有無や取引額を確認する目的で確認が実施されることもあります。

　残高管理に業務プロセスの理解は不可欠です。「業務プロセスをしっかり把

握し、勘定分析、実査、確認という監査技術等を用いて残高管理を行う」「想定と異なる場合、調査が必要になる」などの点に留意してください。

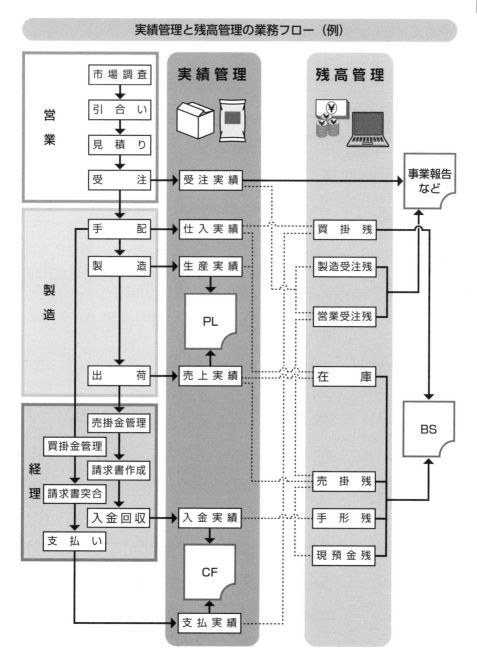

実績管理と残高管理の業務フロー（例）

債権管理の仕組み

与信管理もマネジメントの大事な仕事

　公営企業等で見かけることの多い得意先元帳の見方のポイントは、サイトと残高の関係に注目して「入・出・残」の問題をつかむことにあります。

　売上高には、大別して現金売りと掛売り（手形売上を含む）があります。現金売りであれば売上金は回収済です。しかし掛売りでは、売掛金という未回収の売上代金を回収する必要があるので、得意先元帳で売上代金の計上・回収・残高、つまり「入・出・残」を、得意先ごと・発生月ごとに管理します。

　この得意先元帳で注目したいのは、残高とサイトの関係。サイトとは、ツケが回収されるまでの標準的な日数をいいます。30日なら1か月分は残ってよく、これが**年齢調べ**（コラム参照）の基本形になります。

「団子消し」という異常点

　図表を見ると、B社のサイトは60日、つまり2か月分の残高があってよいことになります。6月末の残高は438万円、これは当月6月計上230万円と前月5月計上208万円の2か月分が残置しており、特に異常点は見当たりません。5月以前の残高についても同様です。

　このように考えると、A社は「出」が問題となります。サイト30日で1か月分しか残高は持たないはずですが、6月計上150万円に対し、残高は250万円。しかも、回収は毎月100万円です。常に一定金額だけのキリのよい回収を「団子消し」といい、得意先の資金繰りに赤信号が点灯している可能性を示します。このような**危険な兆候のある得意先との取引は、「サイトを短縮する」「現金売りのみにする」「取引停止」**という与信（＝ツケの条件）の見直しが必要です。

「取り込み詐欺」という異常点

　C社の場合は「入」が問題です。サイト30日で1か月分は残ってよいのですが、6月末残高は250万円、本来6月計上160万円のみが残るはず。この程度の差額は、先方の締めや払いの都合なども考えられ、4月までは残高1か月分で滞留もなく、一見すると異常点は見当たりません。C社の問題は、取引の計上額にあります。当初5万円からスタートし、半年後の6月の取引額は160万円。当初しっかり払っている風を装い、段々と取引額を吊り上げ、最後に払わず逃げる、典型的な「取り込み詐欺」のパターンです。

32

元帳ではサイト（資金化までの期間）と残高の関係を注視しよう

> A社は「団子消し」が問題。ある時払いとなっている可能性大。与信の見直し（取引の縮小、停止）を要検討

> B社はサイトどおりの残高なので問題なし

（単位：万円）

得意先	サイト	区分	1月	2月	3月	4月	5月	6月
A社	30日	計上	100	110	120	130	140	150
		回収	0	100	100	100	100	100
		残高	100	110	130	160	200	250
B社	60日	計上	200	210	205	220	208	230
		回収	0	0	200	210	205	220
		残高	200	410	415	425	428	438
C社	30日	計上	5	10	20	40	80	160
		回収	5	0	10	20	30	0
		残高	0	10	20	40	90	250

> C社は「取り込み詐欺」の可能性大。取引当初は順調に回収、徐々に売上規模拡大、最後に回収が滞る、典型的な詐欺パターン

コラム　購買債務も同様にチェック

　支払条件と残高の関係を見ておかしな残高の動きがある場合、不正会計の影響も考えられるので要注意です。

　「入・出」の異常が「残」の異常となって現われる、こうしたことを理解してください。

コラム　年齢調べ

　売掛金残高について、1つひとつの発生日を調べて時期別に分類し、長期滞留などの不良債権の有無を確認する売掛金管理手法のことです。

在庫管理の基礎知識

在庫の情報と現物が整合していない「情物不一致」を避ける

　見方を変えればキャッシュが滞留している状態を指す在庫を、どのように管理するかもポイントです。倉庫に罪庫が堆（うずたか）く積まれている、倉庫に何もなく帳簿に罪庫の数字だけが残っている──、経営状況の悪い組織でよく見かける光景です。

　これは、在庫の情報と現物が整合していない**情物不一致**から生じます。

「とりあえず手前のものから出しとくよ」＝日付管理・鮮度管理の不徹底

「土産に持って行くよ」＝システムに反映しないサンプル出荷等の存在

「わかんないけど、これかな」＝不適当な出庫や誤記による在庫過不足

「先方から戻ってきたぜ」＝**不良品・返品の管理規定が未整備で現場任せ**

「天使の取り分」＝液体の蒸発、生き物の増減などによる情物不一致

　在庫の情報と現物に離齬が生じれば、信頼性のない数字が在庫管理システムに計上されてしまいます。そうなると、失注を恐れて適正在庫より多めに発注する、仕様変更にともなう仕入部品の余剰在庫が発生する、というように罪庫問題が山積してしまうことになります。

　こうした罪庫が災いし、粉飾となることもあるので「**情物一致**」は必須です。

「情物一致」に欠かせない実地棚卸

　実地棚卸とは、倉庫に出向き、現物をカウントし、帳簿と突合せする作業です。

　実地棚卸は本来、年１回程度行えば十分です。しかし、それは在庫管理がしっかりしていて、在庫の情報と倉庫にある現物が、常に情物一致している、内部統制がしっかりした組織の場合という前提条件が付きます。

　在庫管理の内部統制が不十分な場合、正常な状態にもっていくことが先決です。大量の在庫を抱え、内部統制が不十分な事例では、数か月間かけて実地棚卸の精度を上げる工夫が必要になります。倉庫をいくつかのブロックに分け、今月はこのブロック、来月はあのブロック、というように棚卸作業を行う循環棚卸は有効な手段です。その際、Ａ部品は必ず第一倉庫、Ｂ部品は第二倉庫という具合に、**モノの住所を決めて管理**することも重要です。

　業務フローの見直しも必要です。

たとえば、バッチ処理が原因で、現物の入出荷とデータのタイミング差が生じ、情物不一致となってしまうことがあります。バッチ処理とは、一日の入出荷データを、夕方にひとまとめにしてシステム投入することです。朝8時に10個あった部品が7個出荷、その後2個入荷されたとすれば、倉庫には5個あります。しかし、バッチ処理ではこうした日中のデータの動きがシステムに反映されません。データ上はバッチ処理前の10個のままとなってしまうのです。

そこで情物一致を目指した業務フロー改善が必要となるのですが、情物不一致な組織には、在庫システム変更に必要なキャッシュがないことがほとんどです。この場合、可能な限りリアルタイムで情報共有できることを目的にしつつも、できるだけお金をかけずに変更することを目指す必要もあります。

筆者の経験した事例では、前日の在庫表をシステムから打ち出し、当日の入出荷データを随時手書きで書き留める工夫と、半年・6回程度の継続的な棚卸作業で情物一致を図り、在庫管理を機能させることに成功した事例があります。

コラム **滞留在庫の傾向**

　下記は、いずれも滞留傾向を示します。
　滞留在庫は、評価減（利益の押し下げ要因）の対象となりますので、留意してください。

期首在庫高	当期仕入高	当期使用高	期末残高	コメント
10,000	0	0	10,000	典型的な滞留
10,000	100	0	10,100	罪庫の積み増し
10,000	0	1	9,999	使用高が極端に少ない

第1章 財務監査等に必要な会計の基礎知識

減価償却の基礎知識

減価償却の本質は「３つの側面」から理解できる

①費用配分の側面

　建物のように多額の投資が必要で、１年を超えて利用できる固定資産は耐久消費財です。購入時に費用計上するより、利用可能な（支出の効果が及ぶ）期間である耐用年数に応じて少しずつ費用化するほうが合理的です。これが、ＰＬ行政コスト計算書（損益計算書）に計上される**減価償却費**となります。

②資産評価の側面

　現金預金（キャッシュそのもの）、売掛金や受取手形（キャッシュになる権利）、建物（人が働いたり、それを売却することでキャッシュを生み出すもの）という「資産」は、キャッシュを支払う義務＝「負債」とともにＢＳ貸借対照表に計上され、資産と負債の差額が「純資産」となります。

　ひびわれたり（物理的減価）、新しいものよりも見劣りしたりする（機能的減価）、建物のような経年劣化していく資産を償却資産といい、その価値の目減りを反映する会計的手続を**減価償却**といいます。

　これに対し、土地など、時の経過ではなく、市場の動向で価値が増減する非償却資産は原則、減価償却の対象外となります。

　資産価値は、毎年、減価償却費の分だけ減り、**取得原価－毎年の減価償却費の累計額**がＢＳに資産計上されます。

③資金回収の側面

　ＰＬ計上される減価償却費というコストは、支払済みの建物等の資産購入代金を期間按分しているに過ぎません。つまり、減価償却費は費用でありながら、「請求書が来ない（＝現金を支払う必要のない）費用」です。

　そもそも「利益＝売上－費用」という関係がありますが、**費用には減価償却費も含まれます。**ということは、毎年「利益＋減価償却費」の分だけ資金回収され、減価償却という会計的手続により過去の投資額を毎年少しずつ回収しているのと同じ意味合いがあります。

コラム　地方公共団体等では定額法

　『統一的な基準による地方公会計マニュアル』の『資産評価及び固定資産台帳整備の手引き』の中で「Ⅵ減価償却・耐用年数等 42. 償却資産については、毎会計年度減価償却を行うものとし、減価償却は種類の区分ごとに定額法によって行うもの」とされています。

償却方法の種類

企業会計原則が定める減価償却には、定額法、定率法、級数法、生産高比例法の4つありますが、実務では定額法と定率法が一般的です。

【事　例】　購入価格（取得原価）30万円、利用可能な期間（耐用年数）が3年の固定資産を期首に取得し、償却計算する場合（初年度）

①**定額法**…毎期定額で資産価値が減少すると仮定する償却方法。30万円÷償却年数3年（実務では償却率0.334を掛ける）＝減価償却費100,200円
　　　＊建物は税法上、定額法とすることが規定されています。

②**定率法**…毎期定率で資産価値が減少すると仮定する償却方法。生鮮食料品の鮮度が急激に悪くなるように、価値が急激に陳腐化するような資産を想定した償却方法といわれています。償却金額を早期に多額に計上でき、節税効果があるとされることから、多くの組織で採用されます。初年度の償却額は、30万円×償却率0.667＝減価償却費200,100円（200％償却の場合）。2年目以降は（取得原価－償却累計額）×償却率で計算します。
　　　＊定率法は償却保証額などの概念もあり、計算自体は煩雑となります。

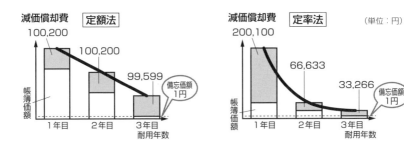

償却資産の位置づけ

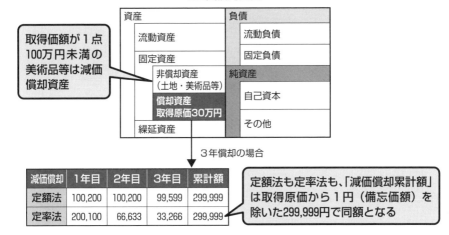

非資金取引等と非資金仕訳

歳入歳出データに現われない資産・負債の増減もチェック

『財務書類作成要領』によれば、「地方公共団体の会計では、予算を議会による民主的統制のもとに置き、予算の適正かつ確実な執行に資する単式簿記・現金主義会計を採用していますが、複式簿記・発生主義会計に基づく財務書類を作成することで、単式簿記・現金主義会計を補完する」とあります。

こうしたことから、ＢＳやＰＬ等の財務書類を作成するには、歳入歳出データのほか、歳入歳出データに現われない資産・負債の増減について網羅的に非資金取引等を洗い出し、**その発生の都度または期末に一括して非資金仕訳を行う**必要があります。

・**非資金仕訳を要する取引・会計事象**
(1)歳入歳出データに含まれるが、①整理仕訳（固定資産売却損益・引当金の振替処理等）を要するもの、②未収・未払・不納欠損に係るもの
(2)減価償却費や引当金といった現金の流出入を伴わない非資金取引等

具体的な非資金取引等は、次のとおりです。

・**現金の流出入を伴わない固定資産の増減**
　除却、無償所管換受払、寄贈・受贈、過去の登録漏れの判明、償却資産の減価償却、建設仮勘定から完成に伴う本勘定への振替等
　→固定資産台帳（建設仮勘定を含む）において増減の発生を確認のうえ、資産負債内訳簿に資産種類別、増減原因別に集約整理

・**現金の流出入を伴わないその他の資産・負債の増減**
　有価証券や投資等の評価額の変動、その他の債権・債務の増減（確定した損害賠償等を含む）
　→原簿その他の情報から、資産負債内訳簿に資産・負債の種類別、増減原因別に集約整理

非資金仕訳については、総務省公表『財務書類作成要領』の「Ｖ　非資金仕訳」「別表7　非資金仕訳例」http://www.soumu.go.jp/main_content/000335893.pdfもご参照ください。

なお、非資金仕訳は手入力で行われることが多いため、不正や誤謬が介在する可能性が高くなります。**非資金仕訳が正しく行われているか検証する必要が**あります。

現金収支を伴わない発生主義会計特有の主な勘定科目

引当金
- 将来見込まれる費用や損失を、あらかじめ計上するもの
  - ＜種類＞
  - 評価性引当金：資産の控除の性格を持つもので、資産に計上するもの
    - →例：投資損失引当金、徴収不能引当金
  - 負債性引当金：将来の支出を伴うもので、負債に計上するもの
    - →例：退職手当引当金、損失補償等引当金、賞与等引当金

未払金（⇔未収金）
- 特定の契約等により既に確定している債権のうち、その代金を支払っていないもの

未払費用（⇔未収収益）
- 一定の契約に従い継続的に受けている債務に関して、すでに提供された役務に対していまだその対価を支払っていないもの

減価償却費
- 適正な期間損益計算を行うため、固定資産の価値が減少した分だけ帳簿価額を減少させること

総務省『統一的な基準による地方公会計マニュアル』

コラム　一括仕訳方式と不正会計

　一部の地方公共団体では、一括仕訳方式を採用していると言います。これは、期中は「これまで通りの官庁会計」で「収入・支出の単式簿記」により記帳し、決算仕訳で複式簿記によるＢＳ・ＰＬ等と同等の決算書を作成できるように一括仕訳するという方法です。

　一括仕訳方式では、総務省が危惧する裏金問題等の不正会計との対峙に不十分と言われます。

　某監査法人は、単式簿記を採用していたある組合の財務諸表監査を辞退した事実があります。単式簿記では不正会計に対しぜい弱だからというのが辞退の理由と聞いたことがあります。

財務書類の作成手順

手入力の決算整理仕訳はすべてチェックする

財務書類の作成手順は下図のような流れになります。

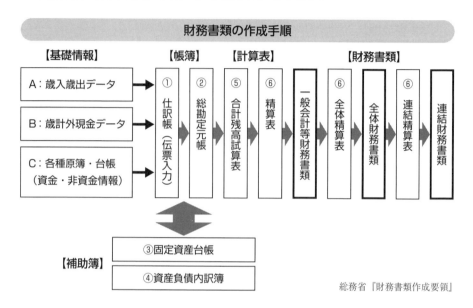

総務省『財務書類作成要領』

「手入力」される決算整理仕訳は、すべて見る必要があります。なぜなら、一括仕訳のように「手入力」となる部分で不適正な会計処理等が行われる可能性が高くなるからです。十分、留意してください。

連結財務書類の作成手順

連結財務書類は、第三セクター等も含めた経営状況を明らかにします。連結財務書類の作成過程で、連結対象団体の法定決算書類又は個別財務書類を単純合算しますが、補助金の支出・収入、会計間の繰入・繰出、資産の購入・売却、委託料の支払・受取等の「内部取引」は相殺消去（純計処理）します。

引当金の基礎知識

決算書に計上しなければならない引当金の要件

　我が国の会計慣行の１つに『企業会計原則』があり、この中の注解18に引当金の規定があります。

　引当金は適正な期間損益計算のために費用の見積計上にともなって生じ、**①将来の費用または損失であって②その発生が当期以前の事象に起因し③発生の可能性が高く、かつ④その金額を合理的に見積もることができる場合**

　そのうち当期の負担に属する部分を損益計算上、当期の費用または損失としてＰＬ計上するとともに、その額を引当金としてＢＳ計上しなければならない、とされています。要するに、①～④の**要件を満たす将来発生する可能性の高いコストやロスは決算書に計上せよ**、一言で説明するとこうなります。

　『統一的な基準による地方公会計マニュアル』には以下が記載されています。

徴収不能引当金（回収不能見込額、一般でいう貸倒引当金。不納欠損率等を用い算定）
投資損失引当金（市場価格のない投資及び出資金のうち、連結対象団体及び会計に対するものについて、実質価額が著しく低下した場合は、実質価額と取得価額との差額。実質価額が30％以上低下した場合には、著しく低下したものとみなす）
退職手当引当金（原則、期末自己都合要支給額により算定）
損失補償等引当金（履行すべき額が確定していない損失補償債務等のうち、地方公共団体財政健全化法上、将来負担比率の算定に含めた将来負担額を計上）
賞与等引当金（基準日時点までの期間に対応する期末手当・勤勉手当及び法定福利費を計上）

　このほか、企業会計では、様々な引当金があります。

　一方、日本には引当金に係る包括的ルールがないため、都合よく引当計上され、不正な経理操作が行われることもあります。**引当計上の根拠となる仮定の性質、仮定の目的適合性と網羅性、使用した仮定の整合性、仮定を裏付ける文書などを検討する必要があります。会計上の見積りの典型例である引当金は、仮定次第で不正に直結もしますので留意してください。**

コラム　引当金が正しく、網羅的に計上されているか等も確かめる

　『統一的な基準による地方公会計マニュアル』『連結財務書類作成の手引き』「60．オ　退職手当引当金、賞与等引当金の計上」で「統一的な基準では、退職手当引当金、賞与等引当金を計上することとしています。連結対象団体（会計）においてこれらが計上されていない場合は一般会計等に準拠して計上」等の規定があるように、病院会計等で計上すべき貸倒引当金等の引当金も含め、計上不足等には留意してください。

第1章　財務監査等に必要な会計の基礎知識

減損会計の基礎知識

公営企業では減損会計が適用される

　収益性が低下し、投資額の回収が見込めなくなった状態の資産の簿価を切り下げる会計処理が減損会計です。

　地方公共団体では減損会計の適用は見送られましたが、すでに適用している場合は継続も認められます。一方、公営企業では減損会計が適用されます。

　減損会計とは、保有資産のうち、収益性の低下により投資額の回収が見込めなくなった状態の資産、言い換えればキャッシュフローを生み出さなくなった資産を対象に、一定条件下で回収可能性を反映させ、ＢＳの資産計上額（帳簿価額）を切り下げ、資産価値（時価）の目減り分を減損損失としてＰＬ計上する必要がある会計処理です。

　帳簿価額（簿価）が30百万円、時価が10百万円のとき、時価は簿価を大きく＝50％以上の割合で下回っていることになります。減損会計では、下落率50％以上の場合、簿価30－時価10＝差額20百万円を減損損失としてＰＬ計上する必要があります。

　参考までに、**企業会計には対象資産ごとに次のような減損会計ルールが存在**します。まずは減損会計の大枠を理解しておきましょう。

対象資産	減損会計ルール
固定資産（有形固定資産、無形固定資産、投資その他の資産）	固定資産の減損に係る会計基準
金融資産	金融商品に関する会計基準
販売用ソフトウェア	研究開発費及びソフトウェアの会計処理に関する実務指針
前払年金費用	退職給付に関する会計基準

減損会計と投資損失引当金の違い

　減損会計に似た仕組みに、**投資損失引当金**があります。市場価格のない投資及び出資金の実質価額が著しく低下した場合、実質価額と、取得価額との差額を計上します。両者の大きな違いは以下の２つです。

①減損損失は、帳簿価格から少なくとも50％程度以上下落している場合、減損の兆候ありとされます。これに対し投資損失引当金は、実質価額が30％以上低下した場合に著しく低下したものとみなし、投資損失引当金繰入額をＰＬ

計上することになります。

②減損損失や投資損失引当金繰入額のＰＬ計上後の取扱いにも違いがあります。事例の時価・実質価額10百万円が25百万円まで戻った場合、減損の戻入れは行ってはならないとされているのに対し、投資損失引当金は15（＝25－10）百万円の戻入れが行われるという点で、取扱いに差があります。

固定資産の減損会計

(1)固定資産のグループ化

- 他の固定資産又は固定資産グループのキャッシュ・フローから概ね独立したキャッシュ・フローを生み出す最小の単位ごとにグループ化
  ①継続的に収支の把握がなされている単位に区分
  ②キャッシュ・フローが相互補完的であればまとめる

- 水道、交通、ガス、下水道の各事業は、事業全体でキャッシュ・フローを生成するのが通例と考えられる。
- 工業用水道、電気、病院の各事業は、施設毎でキャッシュ・フローを生成するのが通例と考えられる。
- なお、遊休資産、賃貸用不動産は個別資産ごとにグルーピングを行うことが適当と考えられる。

兆候なし

(2)減損の兆候

①業務活動から生ずる損益又はキャッシュ・フローが継続してマイナス
（2年連続マイナスで当年度も明らかにプラスにならない）
②使用範囲又は使用方法について回収可能価額を著しく低下させる変化
③経営環境の著しい悪化
④市場価格の著しい下落（帳簿価額から少なくとも50％程度以上、下落）

- 一般会計からの繰入金や長期前受金戻入も収益にカウント

- 稼働率の大幅減、大口需要者の撤退等

- 資産グループ全体のみならず、主要な資産や土地が著しく下落した場合も該当

認識されず

(3)減損損失の認識の判定

帳簿価額＞将来キャッシュ・フロー総額（割引前）であれば減損損失を認識

- 割引前将来キャッシュ・フローの見積期間は20年超でも可（民間企業は20年以内）

減損なし

(4)減損損失の測定

帳簿価額と回収可能価額（正味売却価額と使用価値のいずれか大きいほう）の差額を減損損失とする

- 将来キャッシュ・フロー総額（割引後）

『地方公営企業会計制度の見直しについて』（平成24年5月、総務省自治財政局公営企業課）

43

会計上の見積りと虚偽表示リスク

会計上の見積りにおける５つのプロセス

　会計は実際に行われた取引だけを決算書に反映するわけではありません。決算書に計上される一部の項目には、正確に測定することができず、仮定や予想に基づき金額を概算する「会計上の見積り」を決算書に反映すべき場合もあります。

　たとえば、取引先が倒産すれば売上債権の回収に影響が生じます。そこで、どのくらい債権回収できるかを見積り、貸倒引当金として決算書に反映する必要もあるわけです。地方公共団体では、徴収不能引当金を計上します。

　こうした引当金のような金額を見積もって計上しなければならない項目を、**会計上の見積り**と言います。実務上、これをどう見積もればよいかという論点があります。会計上の見積りの裏付けとなる利用可能な情報の性質及び信頼性などが見積りの不確実性の程度に影響を与え、これらが虚偽表示リスクに直結することに留意してください。

　会計上の見積りにおけるプロセスは以下の５つです。

---

(1)会計上の見積りを必要とする事象を把握する
(2)会計上の見積りに影響を与える要因を把握する
(3)把握した要因に関して適切な仮定を設定する
(4)設定した仮定に基づき適切な情報を収集する
(5)適切な仮定及び情報に基づき見積金額を計算する

　これらプロセスを経て、仮定や予想に基づく会計上の見積りを行います。

　前提となる予想や仮定が崩れれば、決算書に多大な影響を及ぼします。拙著『決算書の50％は思い込みでできている』でも取り上げましたが、この会計上の見積りは、**会計の罠（トラップ）**ともいえるもので、監査等で留意が必要になります。

　なお、会計上の見積りの当初認識額又は開示金額と確定額との間で差異が生じることがありますが、それが必ずしも虚偽表示にならないことを、監査基準委員会報告（以下、「監基報」と呼びます）540『会計上の見積りの監査』（日本公認会計士協会）で明記しています。

会計上の見積りと粉飾の関係

　監基報540『会計上の見積りの監査』によると、会計上の見積りには虚偽表示リスクといわれる粉飾との兼ね合いから、2種類に大別されるとしています。

①見積りの不確実性が低く、重要な虚偽表示リスクも低い会計上の見積り

- 事業活動が複雑でない会計上の見積り
- 定型的取引に関連する、頻繁に実施及び更新される会計上の見積り
- 利率や有価証券の取引価格等のように、容易に利用可能で「観察可能」な公表データから算定される会計上の見積り
- 適用される財務報告の枠組みで規定されている公正価値の測定方法が複雑なものではなく、かつ資産や負債への適用が容易な会計上の見積り
- 一般的に広く知られる公正価値のモデルを使用し、かつ使用される仮定や入力数値が観察可能な公正価値に関する会計上の見積り　など

②重要な仮定に基づく、見積りの不確実性が相対的に高い会計上の見積り

- 訴訟結果に関係する会計上の見積り
- 非上場デリバティブの公正価値に関する会計上の見積り
- 自社開発した極めて専門的なモデル、又は、市場で「観察不能」な仮定や入力数値を使用した公正価値に関する会計上の見積り　など

　こうした点にも留意しつつ、**会計上の見積りの不確実性を評価し、虚偽表示リスクに対応する必要があります**。たとえば、会計上の見積りを行った方法とその基礎データを検討することは、実務ポイントの1つです。

- 使用された測定方法は、状況に応じて適切か（一般的なモデルか）
- 使用した仮定は、測定目的に照らして合理的か（個々の仮定の合理性はもちろん、仮定が全体として合理的かという点も大切）

重要な虚偽表示リスクへの対応方法

　会計上の見積りを正しく行うには、次のような**リスク評価手続とそれに関連する活動を実施**する必要があります。

　なお、**前年度の会計上の見積りの確定額なども検討する必要があります。**

⑴適用される財務報告の枠組みで要求される事項の理解
　→見積り方法は適切か

45

(2)会計上の見積りが必要となる取引、事象及び状況を把握する方法の理解

　　→意思決定、選択された会計上の見積りの測定根拠は合理的か

(3)会計上の見積りを行う方法及びその基礎データの理解

　　①会計上の見積りを行う際に使用する測定方法

　　②関連する内部統制

　　③専門家の利用の有無

　　④見積りに係る仮定

　　⑤見積り方法の前年度からの変更の必要性と理由

　　⑥見積りの不確実性の影響評価とその方法

　「会計上の見積り」は、決算書に重大な影響を及ぼす事項です。**見積りの根拠をしっかり説明できる状態**にする必要があります。

　また、見積りの不確実性が高まるほど、合理的な会計上の見積りを行えないことになります。**不確実性の開示**も必要です。

会計上の見積りと財務書類

監査

判断

仮定や予想
「会計上の見積り」

反映・投射

財務書類

実際の取引

・投資家の目
・金融機関の目
・債権者の目
　など、様々な目

利害
関係者

第 2 章

地方自治法と監査実務

　『地方自治法の改正検討項目』（平成28（2016）年10月、総務省自治行政局行政課）にも示されるように、「監査結果報告において監査の具体的な手法や経緯に言及していない団体が多い。」ため、「住民から見て、適切に監査が実施されているかがわからず、監査への信頼が確保されない。」という課題が、従来から指摘されてきました。

　こうした課題を払しょくするため、地方自治法は平成29（2017）年に改正されました。先の『地方自治法の改正検討項目』では、「住民から見て、監査委員がしかるべき手法を用いて最善を尽くしていることがわかり、監査への信頼が高まる。」として、「監査結果報告において監査の具体的な手法や経緯に言及することとする。」としています。

　第2章では、地方自治法の平成29年改正経緯などにも触れながら、監査実務で必要となる様々な概念や監査手続等について解説します。

地方公共団体の監査基準を巡る法改正の動向

📑 平成29（2017）年地方自治法の改正内容

　公の設定主体が定める地方公共団体共通の監査基準はありません。それぞれの地方公共団体が工夫して監査等を行っているのが現状です。

　地方公共団体の監査等の拠り所、標準的な監査基準の一例として、町村を対象にする**標準町村監査基準**（全国町村監査委員協議会）、都道府県と市を対象にする**都市監査基準**（全国都市監査委員会）などがあります。

　これに対し、第31次地方制度調査会『人口減少社会に的確に対応する地方行政体制及びガバナンスのあり方に関する答申』（平成28年3月16日）は、次のように指摘しています。

> 　一般に公正妥当と認められるものとして、監査を実施するに当たっての基本原則や実施手順等について、地方公共団体に共通する規範として、統一的な基準を策定する必要がある。その場合、地方公共団体は、統一的な監査基準に従って監査を実施することとするが、当該監査基準の内容については、地方分権の観点から、国が定めるのではなく、地方公共団体が、地域の実情にも留意して、専門家や実務家等の知見も得ながら、共同して定めることが適当である。
>
> ＊傍点筆者

　この答申を受け、監査による監視機能を高めることを目的に、地方自治法等の一部を改正する法律が平成29（2017）年6月2日に参議院本会議において可決・成立し、同年6月9日に平成29年法律第54号として公布されました。

　今回の地方自治法改正は、「地方公共団体における内部統制のあり方に関する研究会」「地方公共団体の監査制度に関する研究会」「地方公共団体における内部統制の整備・運用に関する検討会」などでの議論を引き継いだ「第31次地方制度調査会」の答申なども踏まえた、かなり大きな改正です。

　平成29（2017）年地方自治法の主な改正内容は以下の2点です。

> ①**地方公共団体等における内部統制の制度化**（第3章で解説）
> ②**監査制度の充実強化**

　このうち②について、「**監査基準は、監査委員が定めるものとする**」（改正法第198条の4第1項）とされました。

内部統制の制度化に係る地方自治法の改正概略

- 都道府県知事及び指定都市の市長は、内部統制に関する方針を定め、これに基づき必要な体制を整備すること。

- その他の市町村長においては、努力義務。

- いずれの場合も、方針を策定した長は、毎会計年度、内部統制評価報告書（143ページ）を作成し、議会に提出すること。

コラム　監査委員事務局の共同設置

　地方公共団体における監査機能の強化が求められていますが、小規模な地方公共団体では監査委員事務局の職員数が非常に限られ、職員の経験不足なども課題となっています。

　これに対する1つのヒントが、監査委員事務局の共同設置です。平成23年の地方自治法改正により認められるようになった共同設置の仕組みは、岡山県の備前市と瀬戸内市で実際に運用されています。

　監査委員事務局を共同設置することで監査体制を強化するという画期的な仕組みを、活用されてみてはいかがでしょうか。

地方自治法の改正経緯と求められる監査基準等

📋 押さえておきたい3つの枠組み

監査による監視機能を高めることを目的に、地方自治法等の一部を改正する法律が平成29（2017）年6月9日に平成29年法律第54号として公布されました。

平成29（2017）年地方自治法改正は、地方公共団体のガバナンスの適正性確保に向け、かなり大きなインパクトがあります。その枠組みは3つです。

①内部統制の制度化

長による基本方針の策定、各部局でのリスクの評価・検証というPDCAサイクルの実施（142ページ図表参照）

②監査委員による監査の強化

総務省の支援による監査基準の策定、研修等を通じた監査委員の専門性強化、執行機関等に監査結果の回答を求める勧告制度の創設

③住民訴訟制度の見直し

内部統制の制度化の背景の1つとなった住民訴訟に関して、軽過失の場合の個人責任追及のあり方の見直し

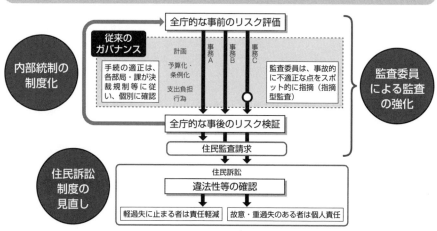

『地方自治法の改正検討項目』（総務省自治行政局行政課、平成28年10月）

また、平成29（2017）年改正地方自治法では、以下のように「監査基準は、監査委員が定めるものとする」等とされました。

> （改正法）
> **第百九十八条の四**　監査基準は、監査委員が定めるものとする。
> 　2　前項の規定による監査基準の策定は、監査委員の合議によるものとする。
> 　3　監査委員は、監査基準を定めたときは、直ちに、これを普通地方公共団体の議会、長、教育委員会、選挙管理委員会、人事委員会又は公平委員会、公安委員会、労働委員会、農業委員会その他法律に基づく委員会及び委員に通知するとともに、これを公表しなければならない。
> 　4　前二項の規定は、監査基準の変更について準用する。
> 　5　総務大臣は、普通地方公共団体に対し、監査基準の策定又は変更について、指針を示すとともに、必要な助言を行うものとする。

　元々、第31次地方制度調査会答申は、「地方公共団体に共通する規範として、統一的な基準を策定する必要がある」としていました。しかし、すでに個々の地方公共団体の任意の取組として監査基準を策定している実情があります。

　そこで、改正法第198条の4第1項で、監査基準の策定主体が監査委員にあることを規定し、すでにある個々の地方公共団体の監査体制の実情も踏まえ、これに法律に基づく規範性を持たせることとしたものです。

　また、同条第5項で、総務大臣が監査基準の策定又は変更の指針を示すとともに、助言を行うとしています。これは、各地方公共団体が定める監査基準に一定の統一性を持たせることが適当である等のために設けられた規定です。

　この指針においては、地方公共団体に共通する監査等を行うにあたって必要となる次のような基本原則を示すことを想定しています。

監査等の基本原則

> ア　監査の目的
> イ　監査委員の役割・責任
> ウ　監査の実施に関して留意すべきこと
> エ　監査結果の報告に関して留意すべきこと　　など

　監査委員は、監査等を行うにあたって必要な基本原則を定めることが求められますが、これは手順マニュアルとは違います。具体的な監査等の着眼点や手順等の詳細な事項については、各地方公共団体の監査体制や地域の実情に配慮しながら、監査基準よりも下位規定のガイドラインや要綱で監査委員が定めるほうがよいと考えられます。

施行期日	施行内容
2018年4月1日から	議選監査委員の選任の選択制 　（改正法196条第１項）
	監査専門委員の設置 　（改正法第200条の２）
	条例により包括外部監査を実施する地方公共団体の実施頻度の緩和 　（改正法第252条の36第２項）
2020年4月1日から	監査基準に従った監査等の実施等 　監査委員が監査等を行うにあたり監査基準に従うこと 　　（改正法第198条の３第１項） 　監査基準は、個々の地方公共団体の監査委員が定め、公表すること 　　（改正法第198条の４第１項～第４項） 　監査基準の策定については、国が指針を示して必要な助言を実施すること 　　（改正法第198条の４第５項）
	監査委員の権限強化 　監査委員による勧告制度 　　（改正法第199条第11項・第12項・第15項） 　監査委員の合議の特例 　　（改正法第75条第５項、第199条第13項）
	監査委員の意見の公表 　（改正法第199条第10項）

監査委員が定めるべき監査基準の４つの大枠

　従来、それぞれの地方公共団体が工夫して監査等を行っているものの、監査基準のない地方公共団体もある等が影響し、監査実務上、多くの課題を生み出しています。

課題１	監査の対象を選定した理由が不明確
課題２	監査の具体的な手法や経緯が対外的に不明確
課題３	監査結果報告が問題点の指摘にとどまり、監査の実効性に疑問
課題４	団体ごとに監査結果報告の構成が異なり、比較可能性が低い

　これらの課題を克服するため、平成29（2017）年改正法で内部統制の制度化や監査委員による監査の強化が行われ、「監査基準は、監査委員が定めるものとする」（改正法第198条の４第１項）とされました。監査委員が定めるべき監査基準の大枠は、**監査の目的、一般基準、実施基準、報告基準**の４つです（詳細は次節以降参照）。

求められる監査基準と監査報告について

【趣旨】内部統制を前提として監査の基本原則や実施手順等を定めることで、①監査委員の責任を明確にし、②被監査主体に対して責任をもった対応を求めるとともに、③ガバナンスの状況について住民に対してわかりやすく伝えるもの。基準に従って監査することを規範として明らかにする。

求められる主な監査基準のイメージ

<監査の目的>
- 住民の視点に立った公共の福祉の増進のために監査を行う。

<一般基準>
- 監査委員等は、専門的能力の向上と知識の蓄積を図り、専門性を維持するための継続的な研修を通じて研鑽を努める。
- 監査の説明責任を果たすため、監査の過程で入手した監査資料、監査証拠、監査結果内容を記録整理し、保存する。
- 監査委員は、事務局職員に対して適切な指示、指導及び監督をし、事務局職員が実施した監査内容を把握する。　など

<実施基準>
- 違法不当の指摘にとどまらず指導・勧告を意識した監査を実施する。
- 監査計画の策定に当たり、事業内容、地方自治法や関連法規、内部統制の整備状況、過去の監査結果等を分析した上で、重点的に取り組むべき事項を設定する。
- 事情変更、新たな事実発見など見直しの必要があれば、弾力的に監査計画を修正する。
- 監査の実施に当たり、違法不当な事態又は改善を要する事態の金額的影響や質的影響の重要性を十分に考慮し、原則としてそれらの高い項目に重点的に監査の人員や時間を充てることにより、効率的・効果的に監査を行う。
- 監査結果を形成するため、法規準拠性、経済性、効率性、有効性などの監査要点に適合した十分かつ適切な監査証拠を入手する。
- 監査対象が複数の機関に共通・関連する事項がある場合等、状況に応じて監査重点事項を設定するなど、横断的に監査を実施　など

<報告基準>
- 監査委員は、監査結果報告案の提示を受け、事案の事実関係や事態の規模、重要性などを検討し監査結果について決定する。
- 監査の結果を形成する報告及び意見において、監査の対象・実施した監査概要・監査結果等を記載する。指摘すべき事項がない場合は、監査の結果に関する報告及び意見にその旨を記載する。　など

※その他詳細の着眼点等は、ガイドラインや要綱等により定める。

監査報告の例

ICT調達に関する財務監査及び行政監査

<リスクの特定>
- ICT調達においては、契約に関する業者見積などITベンダーに過度に依存し客観的な評価分析がされていない、IT調達ガイドラインに準拠した取り扱いができていない事態が見受けられ、以下のリスクが認められるところ。
  - ①ICT調達において過大な支出が行われるリスク
  - ②ICT調達において競争性が適切に確保されないリスク
  - ③委託業務の品質が確保されない、委託先・再委託先から重要な情報が漏えいするリスク
- そのため、保有する200超の情報システムのうち、契約額が比較的多額であった21のシステム調達を対象に、リスクを踏まえ監査を実施

<主な監査結果>
- ①ICT調達の経済性を阻害するリスク
  - → 保守義務の見積作業単価について、同一委託業者であってもシステム間で差異があることから、予定価格の算定における作業単価の情報共有の仕組みを検討
  - → 競争入札方式の調達において、見積書の複数取得を徹底　等
- ②ICT調達の公平性・競争性を阻害するリスク
  - → 一者入札となった場合に原因分析を行い、それを他の類似案件に活用できるように契約担当局は検討　等
- ③ICT調達の効率性や品質、情報セキュリティの確保を阻害するリスク
  - → 再委託先の情報セキュリティ対策状況・業務遂行能力等に基づき承認する手続とすべく、再委託承認申請書の改定等を行う
  - → 再委託先の情報セキュリティの対策状況の確認を確実に行う　等
- ④その他（ICT調達に係る環境整備について）
  - → 市全体として過去のICT調達の情報・仕様などの情報を共有し、各部局がこれらの情報を活用できる環境を整備
  - → 内部のICT人材の確保の研修を計画的に実施し、研修効果を検証、中期的には外部のICT専門人材の活用も検討

『地方自治法の改正検討項目』（総務省自治行政局行政課、平成28年10月）

53

監査委員の権限と倫理規範

住民の期待に応えるために遵守しなければならないこと

監査委員には、次の権限が与えられています（法第199条第8項）。

> 監査委員は、監査のため必要があると認めるときは、
> ①関係人の出頭を求め、若しくは
> ②関係人について調査し、若しくは
> ③関係人に対し帳簿、書類その他の記録の提出を求め、又は
> ④学識経験を有する者等から意見を聴く
> ことができる。

そもそも地方自治法は、地方公共団体の健全な発達を保障することを目的としています（法第1条）。地方公共団体は、住民の福祉の増進を図ることを基本としています（法第1条の2第1項）。

監査委員は、監査委員監査に対する住民の期待に応えるため、地方自治法に定める次のことを遵守し、監査する必要があります。

①高潔な人格でなければならない

- 改正法第196条第1項　監査委員は、普通地方公共団体の長が、議会の同意を得て、人格が高潔で、普通地方公共団体の財務管理、事業の経営管理その他行政運営に関し優れた識見を有する者（議員である者を除く。以下この款において「識見を有する者」という。）及び議員のうちから、これを選任する。ただし、条例で議員のうちから監査委員を選任しないことができる。

②公正不偏の態度を保持しなければならない（精神的独立性）

- 改正法第198条の3第1項　監査委員は、その職務を遂行するに当たつては、法令に特別の定めがある場合を除くほか、監査基準（法令の規定により監査委員が行うこととされている監査、検査、審査その他の行為（以下この項において「監査等」という。）の適切かつ有効な実施を図るための基準をいう。次条において同じ。）に従い、常に公正不偏の態度を保持して、監査等をしなければならない。

③特別な利害関係があってはならない（客観的独立性）

（職員の就任制限）

- 法第196条第2項　識見を有する者のうちから選任される監査委員の数が二人以上である普通地方公共団体にあつては、少なくともその数から一を減じた人数以上は、当該普通地方公共団体の職員で政令で定めるものでなかつた者でなければならない。

（罷免の制限）

- 法第197条の2第2項　監査委員は、前項の規定による場合を除くほか、その意に反して罷免されることがない。

（就任及び在職の禁止）

- 法第180条の5第6項　普通地方公共団体の委員会の委員（教育委員会にあつては、教育長及び委員）又は委員は、当該普通地方公共団体に対しその職務に関し請負をする者及びその支配人又は主として同一の行為をする法人（当該普通地方公共団体が出資している法人で政令で定めるものを除く。）の無限責任社員、取締役、執行役若しくは監査役若しくはこれらに準ずべき者、支配人及び清算人たることができない。
- 法第196条第3項　監査委員は、地方公共団体の常勤の職員及び短時間勤務職員と兼ねることができない。
- 第198条の2第1項　普通地方公共団体の長又は副知事若しくは副市町村長と親子、夫婦又は兄弟姉妹の関係にある者は、監査委員となることができない。

④秘密を漏らしてはならない

- 第198条の3第2項　監査委員は、職務上知り得た秘密を漏らしてはならない。その職を退いた後も、同様とする。

＊改正法は平成30（2018）年4月1日から施行されます。

監査等の種類

📋 地方公共団体における2つの監査

地方公共団体の監査には、大別すると以下の2つがあります。
① 監査委員が行う監査・審査・請求（以下、「監査等」と呼ぶ）
② 外部監査人が行う監査

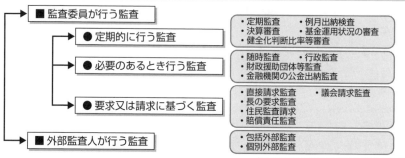

横浜市HP監査委員監査の種類より引用

監査委員制度の概要
- 長は議会の同意を得て、識見を有する者及び議会の議員から監査委員を選任
- 定数は次のとおり
  - 都道府県、人口25万人以上の市：4人（うち議員は2人又は1人）
  - 上記以外の市町村：2人（うち議員は1人）
  ※識見を有する者から選任される監査委員は、条例で定数を増加することが可能
- 監査委員は、監査を行い結果を長等に報告し、公表
- 全国の監査委員数（実数）：4,319人（H22.4.1現在）
- 事務局は、都道府県は必置、市町村は任意設置
  （1760市町村中1105市町村が設置（H21.4.1現在））
- 監査委員に要する費用：都道府県　約107億円、
  　　　　　　　　　　　市区町村　約348億円（H23決算ベース）

外部監査制度の概要
- 包括外部監査と個別外部監査の二種類
- 長は議会の議決を経て外部監査人と契約を締結
- 外部監査人は補助者を使用することが可能
- 外部監査人の資格：弁護士、公認会計士、税理士
  　　　　　　　　　国・地方公共団体の監査等の実務経験者
- **包括外部監査の概要**
  - 毎会計年度、外部監査人がテーマを決めて監査を実施
  - 都道府県・指定都市・中核市は義務づけ、その他の市町村は条例により任意に導入
  - 包括外部監査導入団体：119団体（うち任意導入：13団体）
  - 包括外部監査に要する費用：都道府県　約7億円、市区町村　約10億円
- **個別外部監査の概要**
  - 議会・長・住民から要求のある場合、外部監査によることが適当と認めるときに、外部監査人による監査を実施
  - 全地方公共団体が条例により任意に導入
  - 個別外部監査導入団体：175団体（うち包括　106団体）
  - 個別外部監査に要する費用：市区町村　約7千万円
  　　　　　　　　　　　　　　（計数はいずれもH22.3.31現在）

総務省『地方公共団体の監査制度に関する研究会』
http://www.soumu.go.jp/main_sosiki/kenkyu/c-koukyou_kansa/index.html

このうち、監査委員が行う監査等は次のとおりです。

なお、財務監査は定期監査（法第199条第4項）又は随時監査（法第199条第5項）として実施するとされていますが、財務監査の実施方法が、これは「定期」「随時」というタイミングの違いを示すにすぎません。

地方自治法が定める監査等の種類

(1) 財務監査（法第199条第1項）
(2) 行政監査（法第199条第2項）
(3) 住民の直接請求に基づく監査（法第75条）
(4) 議会の請求に基づく監査（法第98条第2項）
(5) 市長の要求に基づく監査（法第199条第6項）
(6) 財政援助団体等に対する監査（法第199条第7項）
(7) 公金の収納又は支払事務に関する監査（法第235条の2第2項又は公企法第27条の2第1項）
(8) 住民監査請求に基づく監査（法第242条）
(9) 市長又は企業管理者の要求に基づく職員の賠償責任に関する監査（法第243条の2第3項又は公企法第34条）
(10) 共同設置機関の監査（法第252条の11第4項）
(11) 例月現金出納検査（法第235条の2第1項）
(12) 決算審査（法第233条第2項又は公企法第30条第2項）
(13) 基金の運用状況審査（法第241条第5項）
(14) 健全化判断比率審査（健全化法第3条第1項）
(15) 資金不足比率審査（健全化法第22条第1項）

コラム **定期監査、例月出納検査と決算審査の関係**

監査委員監査は、期中と期末に実施します。期中に定期監査と例月出納検査、期末に決算審査を行います。要するに、決算審査が最終目標、そのための手段として期中に定期監査と例月出納検査を実施します。

定期監査、例月出納検査、決算審査は三位一体なのです。

地方公共団体におけるガバナンスの基本構造

従来、監査基準がない団体が半数近くも

　総務省公表『監査制度関連資料』（以下、「資料」と呼ぶ）によれば、地方公共団体におけるガバナンスの基本構造は次のとおりです。

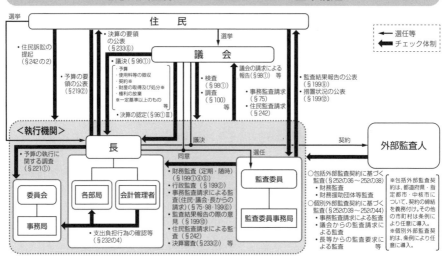

　図表で示されるように、地方公共団体の監査は、監査委員による監査と外部監査人の外部監査の2つがあります。地方公共団体の監査を本来的に担うのは監査委員、外部監査制度は地方公共団体の監査機能の独立性と専門性を強化するために設けられたものです。

　監査の実効性確保に監査基準は必須ですが、「資料」によれば、策定状況は次のとおりで、監査基準がない団体も半数近くあったというのです。

(単位：団体)

	監査基準の策定状況		監査基準の公表	
	有	無	有	無
都道府県	46 (97.9%)	1 (2.1%)	14 (30.4%)	32 (69.6%)
指定都市	16 (80.0%)	4 (20.0%)	10 (62.5%)	6 (37.5%)
その他市	445 (56.2%)	347 (43.8%)	195 (42.6%)	263 (57.4%)
町村	419 (45.2%)	507 (54.8%)	212 (47.6%)	233 (52.4%)
合計	926 (51.9%)	859 (48.1%)	431 (44.7%)	534 (55.3%)

(平成27年4月1日現在)

監査基準がない場合、次のようなものが監査の拠り所になることが「資料」
に記載されています。

- 監査委員の判断
- 都市監査基準準則　＊平成28（2016）年に都市監査基準、同逐条解説が公表されています。
- 標準町村監査基準
- 地方自治法に基づく基準

地方公共団体において定めている監査基準として次のような事例があります。

地方公共団体において定めている監査基準（静岡市の事例）

○静岡市監査基準（要綱）の概要（平成23年4月1日施行　公表済）

第1章　総則
　第1節　一般基準
　＜目的、基本方針、監査委員の使命、監査委員の責務、事務補助職員心得＞を規定
　第2節　実施基準
　＜実施の基本方針、計画的に監査等を実施すること、監査等の実施手続の適用基準（試査（一部抽出）精査（全部）により行う）、合理的基礎確保の基準（合理的基礎を得るまで監査を行う）＞を規定
　第3節　報告基準
　＜監査等を修了した場合に報告、意見を決定すること、報告に必要な項目を記載すること、報告等の提出以前に関係者以外への周知の禁止＞を規定

第2章　監査等の実施
　第1節　監査等の種類
　＜監査、審査及び検査の種類、内容、主眼＞を規定
　・定期監査（法199条④）、随時監査（法199条⑤）、行政監査（法199条②）、財政援助団体等に対する監査（法199条⑦）、公金の収納又は支払事務に関する監査（法35条の2②）、住民の直接請求に基づく監査（法75条）、議会の請求に基づく監査（法98条②）、請願の措置としての監査（法125条）、市長の要求に基づく監査（法199条⑥）、住民監査請求に基づく監査（法242条）、市長又は企業管理者の要求に基づく職員の賠償責任に関する監査（法243条の2③）、共同設置機関の監査（法252条の11④）
　・例月現金出納検査（法235条の2①）
　・決算審査（法233条②）、基金の運用状況審査（法241条⑤）、健全化判断比率等審査（健全化法第3条①及び第22条①）
　第2節　監査等の事前手続
　＜年間監査計画の作成すること、事前通知すること、必要な資料要求ができること、監査等の着眼点は監査委員が別に定めること＞を規定
　第3節　監査等の実施手続
　＜監査等の実施する際の手続（照合、実査、立会等）、監査等の公表は監査委員が決定し行う＞を規定

第3章　監査等の結果
　＜報告の提出先、意見の提出方法、勧告の方法、報告の決定方法、報告の公表方法、報告書の記載事項、監査の結果報告後の処置＞を規定

公監査の体系

公監査の類型区分等を押さえる

　地方公共団体の目標は、**公共の福祉の増大**にありますが、その意味するところは各政策等において非常に多義的と言えます。

　ここでは、公監査の体系、公監査の展開段階及び各国の展開状況について図示します。

公監査の体系等

公監査の類型区分			監査判断の規準及び測度		各国の展開状況 日 米 英
法規準拠性公監査	広義の合法性又は準拠性ないしは法規準拠性監査	①合法性監査（狭義）	法規違反行為・不正・濫用の摘発		
		②合規制・準拠性監査	政策方針及び予算の目的・手続・契約・要件の妥当性・適切性の検証、内部統制とガバナンスの有効性		
財務公監査	正確性又は決算監査	③財務諸表監査	財務諸表の適正性・決算の正確性の検証		
		④財務関連監査	財務関連事項の正確性・妥当性の検証		

左端：**包括監査又は完全監査** ／ **業績（3E・VFM）監査**

（業績公監査の類型）		（測度の類型）	（主な測度又は指標）	（測度の特質）	各国
効率性（広義）又は生産性監査	⑤経済性監査	インプット測度	インプットコスト、作業量、サービスニーズと量、プログラムインプット	(1)目的適合性	
		アクティビティ測度	サービス努力、活動プロセス、資源の利用プロセス	(2)有効性（有用性）	
	⑥効率性監査	アウトプット測度	提供財・サービスの質、一定の質のサービス量、アウトプットプロセス	(3)反応性	
		効率性測度	プログラム効率性、ポリシー効率性	(4)経済性（管理可能性）	
狭義の有効性監査	⑦目的達成の監査	有効性測度	プログラム有効性、ポリシー有効性、コスト有効性	(5)比較可能性 / (6)明瞭性（理解可能性） / (7)互換性	
広義の有効性監査／政策評価監査	⑧アウトカムの監査	アウトカム測度	コストベネフィット、コストアウトカム、サービスの質	(8)接近可能性	日本／イギリス
		インパクト測度	短期的インパクト、長期的インパクト	(9)包括性	
		説明測度	説明・記述情報	(10)精選性	
	⑨代替案の監査	代替案決定の条件・プロセスの評価	代替案の提示、代替コースのレイアウト	(11)正確性 / (12)信頼性 / (13)ユニーク性	
	⑩価値判断の監査	政策の功罪・政治的判断の評価	政策の根拠、政策目的の功罪、政治的意思決定の賢明さ	(14)適時制 / (15)完全性	アメリカ

（出典）鈴木豊『企業会計』中央経済社　2010年6月号　7ページ

監査委員監査と公認会計士監査との比較

📋 監査委員監査と公認会計士監査の類似性

　監査委員監査と公認会計士監査を比較すると、双方には類似点も見られます。

　監査の経験値が少ない監査委員や監査事務局の担当者は、会計監査の専門家である公認会計士の監査ノウハウに学びながら、監査業務を遂行することも現実的な対応と言えるでしょう。

監査委員監査と公認会計士監査

監査委員監査	公認会計士監査
財務監査	会計分野の業務監査
行政監査	会計分野以外の業務監査
財政援助団体等監査	関係会社監査
決算監査	財務諸表監査
例月出納検査	現預金の実査

　なお、平成29（2017）年改正地方自治法の審議過程や、都市監査基準等でも、公認会計士による財務諸表監査及び内部統制監査と類似する用語や表現が用いられています。

　しかし、**地方自治法に基づく監査委員監査は公認会計士監査とは法的、概念的に別のものです**。そもそも課される責任も異なります。こうした点には留意してください。

外部監査制度の基本的な仕組み

外部監査制度には2種類ある

　外部監査制度には、包括外部監査契約に基づく監査と個別外部監査契約に基づく監査があります。

　外部監査人となるのは、弁護士、公認会計士、実務精通者、税理士です。

　総務省公表『監査制度関連資料』（以下、「資料」と呼ぶ）によれば、外部監査制度の基本的な仕組みは次のとおりです。

外部監査制度の基本的な仕組み

1　包括外部監査契約に基づく監査 （法252条の36～法252条の38）

- ○　毎会計年度、外部監査人のイニシアティブによる監査を実施
- ○　都道府県・指定都市・中核市については契約の締結を義務付け
- ○　その他の市町村は条例により任意に導入

（監査の種類）
- ・財務監査
- ・財政援助団体等監査

2　個別外部監査契約に基づく監査 （法252条の39～法252条の44）

- ○　議会・長・住民から要求がある場合において外部監査人による監査をすることが適当であるときに、外部監査人による監査を実施

（監査の種類）
- ・事務監査請求に基づく監査
- ・議会からの監査請求に基づく監査
- ・長からの監査請求に基づく監査
- ・長からの財政援助団体等の監査要求に基づく監査
- ・住民監査請求に基づく監査

包括外部監査における特定のテーマの事例

基金の運営と管理に係る財務事務
下水道事業特別会計の財務事務について
観光事業およびこの事業に関連する第三セクターなどについて
電気事業および工業用水道事業について
公有財産の有効活用について
補助金の執行事務について
指定管理者制度の運用状況について
行政財産の目的外使用について
未収金等の管理について
公益法人との随意契約について
職員の諸手当について
教育委員会所管の施設に係る財務事務の執行について
試験研究機関の事業に係る財務事務
公立病院事業に係る財務事務及び経営管理
公立大学の経営管理状況について
公社の収支並びに公社に対する貸付金等について
公有施設の経営管理状況について
貸付金の管理状況について
財団法人の運営状況について
港湾整備事業特別会計の経理状況について
公営企業会計における土地造成・資金運用事業の運営状況について
健康増進交流センターの運営状況について

監査等の目的

📋 住民の視点に立つ必要性

　地方公共団体における監査等の目的は、突き詰めれば、法第1条の2「住民の福祉の増進」に資することにあります。その達成のためには、地方公共団体の行財政運営の健全性と透明性の確保が必要です。この点、地方自治法第2条は次のように規定しています。

法第2条
（第14項）
地方公共団体は、その事務を処理するに当つては、住民の福祉の増進に努めるとともに、最少の経費で最大の効果を挙げるようにしなければならない。

（第15項）
地方公共団体は、常にその組織及び運営の合理化に努めるとともに、他の地方公共団体に協力を求めてその規模の適正化を図らなければならない。

（第16項）
地方公共団体は、法令に違反してその事務を処理してはならない。なお、市町村及び特別区は、当該都道府県の条例に違反してその事務を処理してはならない。

　このように、3E監査（経済性・Economy、有効性・Effectiveness、効率性・Efficiency）と法令等への準拠性について留意する必要があります。

　これに関し法第199条第1項は「監査委員は、普通地方公共団体の財務に関する事務の執行及び普通地方公共団体の経営に係る事業の管理を監査する。」と規定し、同第3項で「監査委員は、（中略）第二条第十四項及び第十五項の規定の趣旨にのつとつてなされているかどうかに、特に、意を用いなければならない。」と規定しています。

コラム　**監査・検査・審査の意義**

監査＝実態を把握する。批判的機能に加え、行政運営の指導的機能を含む
検査＝計数の正否を調べる。〇か×か、白か黒か、不正・不当を抽出する意味を含む
審査＝事実をよく調べる。100点満点で何点か、判断を下す意味を含む

　　　　　　　　　＊「実務上区別する実益は少ない」という意見もあります。

📋 根拠法を前提に監査基準を策定する

　監査委員監査は、次の法律などを根拠としています。これらを踏まえ、それぞれの地方公共団体の実情に沿った監査基準を策定する必要があると考えられます。

- 地方自治法（昭和22年法律第67号）
- 地方公営企業法（昭和27年法律第292号）
- 地方公共団体の財政の健全化に関する法律（平成19年法律第94号）

コラム　　**都市監査基準**

　都市監査基準及び都市監査基準逐条解説は、全国都市監査委員会（会長都市：大阪市）が作成・公表しています。

　都市監査基準及び逐条解説はの内容は、全国都市監査委員会のホームページ（https://zenkan.jp/）で公表されています。

　都市監査基準は、各都市監査委員が従うべき統一的な規範とされます。ただし、現実には監査委員及びその事務職員が少数の地方公共団体もあることを考慮し、本基準に従わない部分が生じることを許容しています。

　本基準に従った監査等の実施が可能でない場合、あるいは本基準に従って監査等を実施することが合理的でない場合、その合理的な理由を住民に説明できるよう実質的に監査委員に説明責任を課し、都市監査基準の規範性確保を図っている点には留意が必要です。

指導的機能の発揮

改善や修正の助言等

　監査委員をはじめとする監査人に期待される役割には、「批判的機能」と「指導的機能」があります。監査・検査・審査の目的を果たすため、**監査委員がこれらの機能を発揮しなければならない**と言えます。それぞれの定義は、概ね次のように表現できます。

批判的機能

　批判的機能とは、目的を果たすため、批判的検討を行うことで問題事項を発見し、もしそれが是正されない場合、否定的な見解を表明する機能

指導的機能

　指導的機能とは、監査等の対象に対して、監査等の目的を果たすため、必要な助言を行い、改善や修正を指導する機能

　監査等の役割の本質は、このうち、批判的機能にあります。しかし、必要な助言を行い、改善や修正を指導する指導的機能を監査委員が発揮することも「住民の福祉の増進と市政への信頼確保に資する」には重要です。都市監査基準第6条はこうした点を踏まえ、「指導的機能の発揮」を規定している、と筆者は考えます。

監査等の２大機能

```
          ┌──────────┐
          │  監査等の  │
          │   機能    │
          └─────┬────┘
        ┌───────┴───────┐
   ┌────┴────┐    ┌────┴────┐
   │  批判的   │    │  指導的   │
   │  機能    │    │  機能    │
   └─────────┘    └─────────┘
```

監査等の品質管理と相互配慮等

監査等の品質管理

　監査等は一定水準の品質が担保されなければなりません。

　そのため、監査等の計画策定、監査等の手続の設定、実施、監査調書の作成、監査報告書又は審査意見書の作成等各段階の品質を確認する必要があります。

　まず、監査等が適切に実施されるために必要な品質管理の方針と手続を定め、それに従い、監査等が適切に実施されていることを定期的に評価する必要もあります。

　また、監査委員に関する事務を補助する職員等のレベルが監査等の品質に影響します。職員等を適切に監督し、指導もしなければなりません。経験の浅い職員等には実地研修（ＯＪＴ）も重要なポイントです。

監査委員相互間の配慮

　地方自治法第252条の30に、次のような規定があります。

（監査の実施に伴う外部監査人と監査委員相互間の配慮）
第二百五十二条の三十　外部監査人（包括外部監査人及び個別外部監査人をいう。以下本章において同じ。）は、監査を実施するに当たつては、監査委員にその旨を通知する等相互の連絡を図るとともに、監査委員の監査の実施に支障を来さないよう配慮しなければならない。
2　監査委員は、監査を実施するに当たつては、外部監査人の監査の実施に支障を来さないよう配慮しなければならない。

　監査はチームで行うものです。情報連携や専門家の業務の利活用、外部監査人の監査業務との相互配慮なども監査等では必要になることに留意してください。

第2章　地方自治法と監査実務

67

監査調書の作成及び保存

「監査調書＝公文書にあたるもの」と考えられる

　監査調書とは、監査等の結果及び意見の根拠を文書化したものです。監査等の計画（年度監査計画及び実施計画）、実施した手続及びその合理的な基礎の形成のための十分かつ適切な監査等の証拠を簡潔明瞭に整理したものが監査調書です。

　具体的には、**監査計画書、監査手続書、分析表、重要な事項の要約、確認状、チェックリスト、重要な事項に関するやりとりを示した文書**などが含まれます。

　監査調書は公文書に当たるものと考えられ、当該文書の公開・非公開の取扱いや文書保存期間等は、各都市の条例の定めによります。

　なお、情報公開制度に従い監査調書を公開した結果、**監査手続に虚偽や欠落があれば、監査委員は説明責任を問われる可能性が考えられます。**

　監査調書の虚偽や欠落による損害及び因果関係の有無によっては、法第197条の２第１項の「職務上の義務違反」として、品質管理上の任務懈怠責任や補助者に対する管理監督責任を問われる可能性も考えられます。

　近年、行政に対する住民の関心は高まる一方です。監査委員の説明責任の観点からすれば、監査調書として監査プロセスを取りまとめるという考え方や実務が必ずしも浸透していない現状はリスクです。

　こうしたことを踏まえ、監査等の結果及び意見に関しその根拠を明確にしておくことを意図して、監査調書を作成し、保存する必要があります。都市監査基準第９条にも規定されています。

監査調書の種類

　監査調書には、大別して永久調書と年度調書の２つがあります。

永久調書
　毎期継続して用いることができる、長期の契約関係資料、業務フローチャート、過去の財務情報など

年度調書
　当該年度の監査等の結果及び意見に関しその根拠を明確にする文書

リファー、リファレンス

　監査等の調書では「リファレンス」「リファー」、つまり関係性を示すことがポイントです。

　というのも、住民意識が高まる中、様々な決定事項が妥当であることなどを示す必要性があるからです。

　各調書と各証拠との関係性を表わす「FROM」「TO」を明示することが大切です。

$$\text{「FROM」} \quad \underline{※} \quad \blacktriangleright \quad \text{「TO」} \quad ※$$

　上記のように、<u>※</u>から※にリファーされ、各調書と各証拠がつながります。つまり、※が<u>※</u>の証拠・証憑を示すわけです。

　実際の監査等の調書では、赤色等の色文字で※と<u>※</u>を示します。そうすることで、双方の関係性がはっきりと明示されることになります。

　監査等において重要なことは、**地域住民等の第三者に対し、ある事象について明確な根拠を持ってその妥当性等を示す**ことにあります。

　リファーは、ある事象とその根拠を示す、換言すれば、証明したい事象とその根拠の因果関係を明示するために必要だと言えるでしょう。

監査調書に記載すべき主な事項
- 監査計画、監査方針
- 監査実施年月日
- 監査担当者
- 監査対象先、対応者
- 実施した監査手続（質問・閲覧・実査・立会・視察など）
- 監査結果（指摘事項、所見等を含む）
- 監査意見の形成に至った過程・理由等
- その他補足説明

監査の流れ

事例をもとにフローをチェックしよう

一般的な「監査の流れ」は次のとおりです。

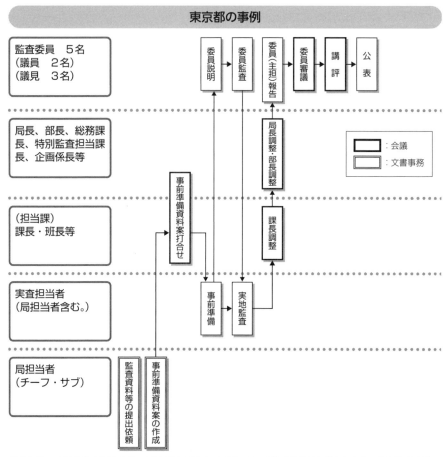

総務省第29次地方制度調査会第6回専門小委員会(平成20年1月)配付資料『地方公共団体と株式会社における監査機関の比較』より抜粋、一部加筆

上記東京都の事例を見ると、最終的な監査結果の報告までの間、係長・課長・局部長等、監査の対象部局等の長から弁明や見解等を聴取していることがわかります。こうした弁明や見解等を聴取することが、監査の結果の正当性を確認するために重要だと考えられているからです。

この点、たとえば都市監査基準第18条は、監査の結果に対する抗弁の機会にもなることを考慮して、**弁明や見解等の聴取は結果に関する報告の決定の前に行うことを原則、決定後に行うことを例外として規定しています。**

　監査は、監査計画にしたがって行われます。これは、監査委員監査の場合も同じです。監査委員監査はほぼ毎月、監査計画に基づき、何らかの形で行われます。そのスケジュールのイメージは次のとおりです。

秋田市の事例

種類	内容
定期監査	全部局の財務事務等を対象に毎年実施しています。
工事監査	大規模な工事の中から数件抽出し、工事の施工状況などについて監査しています。
行政監査	事務の執行状況について、定期監査とは別に一定のテーマを定めて監査しています。
財政援助団体等監査	市から補助金等の公布を受けている団体の中から数団体抽出し、補助金等の使途などについて監査しています。
例月現金出納検査	一般・特別会計および企業会計の毎月の現金出納状況について検査しています。
決算審査	一般・特別会計および企業会計の決算状況について審査しています。
健全化判断比率等審査	健全化判断比率および資金不足比率ならびにその算定の基礎となる書類について審査しています。

監査等の種類	4月	5月	6月	7月	8月	9月	10月	11月	12月	1月	2月	3月	監査実施	結果提出
定期監査	○	○	○	○	○	○	○	○	○	○	○		4月～2月	3月
財政援助団体等監査							○	○					10月～11月	12月
決算審査（一般）					○	○							7月～9月	9月
決算審査（企業）			○	○	○								6月～8月	8月
健全化判断比率等審査					○	○							8月～9月	9月
例月現金出納検査	○	○	○	○	○	○	○	○	○	○	○	○	毎月	毎月

http://www.city.akita.akita.jp/city/coad/schedule.htm

横浜市の事例

- 年間スケジュール（平成19年度）

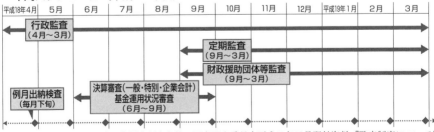

総務省第29次地方制度調査会第4回専門小委員会平成19年12月配付資料『監査制度について』

監査等の証拠と合理的な基礎

📑 証拠力の強い直接証拠を入手する必要あり

　監査委員監査では、十分かつ適切な監査等の証拠を入手して、決定する監査等の結果及び意見の合理的な基礎を得るまで監査を行う必要がある点に注意してください。これは、先進事例の１つ、静岡市監査基準の実施基準（59ページ）にも規定されているところです。

　ここで「監査等の証拠」とは、決定する監査等の結果及び意見の「合理的な基礎」を導くために利用する情報をいい、「各種の記録に含まれる情報」及び「その他の情報」からなります。

　決算審査を例にとれば、**各種の記録に含まれる情報**とは、会計データとそれを裏付ける記録を指します。仕訳帳、総勘定元帳、補助元帳、原価計算資料、計算シート、調整表、請求書、領収証、契約書などが該当します。

　一方、**その他の情報**とは、会計記録以外に監査委員が証拠として利用できる情報をいい、**議事録・専門家の意見書**のほか、**監査委員が観察や質問によって得た情報**や**監査委員が推定した情報**なども含まれます。

　「合理的な基礎」とは、入手した「十分かつ適切な監査等の証拠」を総括的に吟味したうえで得た、監査等の結果及び意見に関する自己の意見を形成するに足る合理的な基礎をいいます。

　リスクの重要度や証拠の質を考慮した「十分」で、かつ、監査等の証拠の適

監査等の証拠と合理的な基礎

合性と証明力のある「適切」な監査等の証拠を入手する必要があります。

監査等の証拠

「監査等の証拠」は、機能別に分類できます。

機能別分類	
直接証拠	間接証拠
要証事項の存否・真否・正否・当否など、事実を直接的に立証しうる証拠。たとえば、監査委員が実査により確かめた現金	要証事項を間接的に推定しうるに過ぎない、事実を間接的に証明する、いわゆる状況証拠。たとえば、現金保管場所への入退出記録

　一般に、直接証拠に比べて間接証拠は証拠力が弱いとされるため、合理的な基礎を形成するには、証拠力の強い直接証拠を入手する必要があります。

　「監査等の証拠」は、入手源泉別に分類することもできます。

入手源泉別分類	
外部証拠	内部証拠
被監査組織の外部で作成、入手された証拠。たとえば、銀行残高証明書	被監査組織の内部で作成、入手された証拠。たとえば、会計帳簿

　一般に、外部証拠に比べ、内部証拠は証拠力が弱いとされます。したがって、合理的な基礎を形成するには、証拠力の強い外部証拠を入手する必要があります。

　以上を踏まえると、**直接証拠で外部証拠が証拠力の強い監査等の証拠**と言えるわけです。たとえば、外部倉庫に保管されている預け在庫に対する残高証明書を外部の倉庫業者から直接入手する場合などが該当します。

　ただし、留意も必要です。

　倉庫業者が被監査組織（の担当者）と共謀している、あるいは形式的には外部業者であっても実質は内部と同じ組織体制となっているような場合には、預け在庫の残高証明書が被監査組織（の担当者）の意のままに偽造される場合があります。実際に偽造された残高証明書による不正会計も発生しています。

　預け在庫の場合、残高証明書の入手は必須ですが、場合によっては預け在庫の保管場所に往査し、実地棚卸に立ち会う必要があること等も念頭に置いてください。

監査等の計画

📋 リスクを考慮して監査等の計画を策定する

監査等の実施にあたり、概ね図のような計画の策定が必要です。

《監査等の計画を策定する前段階で考慮すべき項目》
- 監査等の対象となる地方公共団体を取り巻く内外の環境
- 議会の動向
- 市長の理念や方針
- リスク管理体制や内部統制体制等のガバナンスの状況
- 情報通信技術の利用状況や情報セキュリティの状況等に起因するリスクの重要性
- 過去の監査結果に対する措置の状況等
- 監査の人員や時間等の限られた監査資源

《実施方針》

《監査等の計画策定》

《年度監査計画の策定にあたり総合的に勘案すべき事項》
- 地方公共団体における行財政運営上のリスクの重要度
- 過去の監査結果に対する措置の状況等の重要性
- 監査資源等

《年度監査計画》
- 実施予定の監査等の種類
- 実施予定の監査等の対象
- 監査等の対象別実施予定時期
- 監査等の実施体制
- その他必要と認める事項

《監査等の個別の実施計画》
- 監査等の種類
- 監査等の対象
- 監査等の着眼点
- 監査等の主な実施手続
- 監査等の実施場所及び日程
- 監査等の担当者及び事務分担
- その他必要と認める事項

前提変化→
《計画変更》

※年間監査計画及び実施計画は、固定的かつ硬直的なものではない点に留意

虚偽表示リスクと監査計画

監査等の計画と虚偽表示リスク

監査等の計画を立案する際に考慮すべき事項が、虚偽表示リスクです。

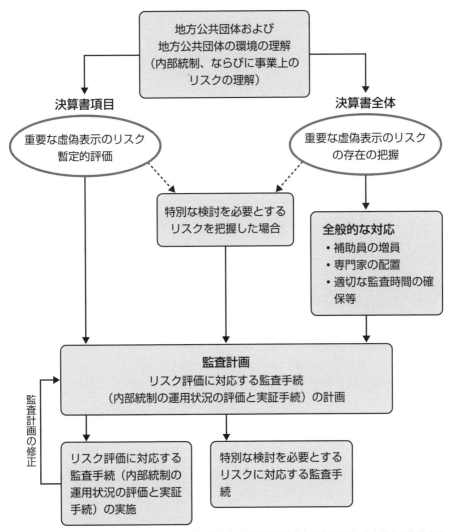

平成23年度 日本監査研究学 課題別研究部会 『「地方自治体監査基準」最終報告書 地方公共団体監査基準（案）』より「事業上のリスク等を重視したリスク・アプローチに基づく地方公共団体監査の流れと監査計画」

実施すべき監査等の手続で考慮すべき事項

実施すべき監査等の手続は内部統制の有効性次第

『人口減少社会に的確に対応する地方行政体制及びガバナンスのあり方に関する答申』（第31次地方制度調査会答申）などによれば、監査委員は次の2点を考慮して、実施すべき監査等の手続を定め、十分かつ適切な監査等の証拠を入手する必要があります。

---

1. 監査等の対象に係るリスクの重要度

2. 内部統制の整備及び運用状況

2．の内部統制の有効性評価については、さらに2つに区別できます。

2－1．内部統制の整備状況の把握

内部統制が規程や方針に従い、リスクの発生を必要十分な程度に低減できる設計となっていて、業務に適用し、その実行を第三者が検証可能であるかを評価する

2－2．内部統制の運用状況の評価

内部統制の整備状況の把握の過程で把握された内部統制の不備に是正措置をとり、適切な対応を図り、内部統制が実際に適時に、設計どおりに、実行されているかを評価する

一言でいえば、**実施すべき監査等の手続は、内部統制の有効性次第**ということです。

これは地方公共団体でありがちですが、明文化されず、暗黙裡に実施されている組織内の決まり事等もあると思います。こうした決まり事を明文化し、可視化できるようにすることも内部統制構築を考える際の重要なポイントです。

監査等の手続を定めるにあたり考慮すべき要点

監査等の要点

　公認会計士監査でいう「監査要点」は主に「実在性」「網羅性」「権利と義務の帰属」「評価の妥当性」「期間配分の適切性」「表示の妥当性」の６つです。監査要点とは、監査人が監査意見を述べるにあたって確かめるべき目標＝要証命題（アサーション）のことです。これらに、有効性、効率性、経済性という「３Ｅ監査」の視点と、さらに合規制を加えた10個を、都市監査基準第15条第２項で「監査等の手続を定めるにあたり考慮すべき要点」としています。

監査等の手続を定めるにあたり考慮すべき10個の要点 ＊「資産」には財産、「取引」には収入及び支出が含まれます。	
①有効性	目的に見合った成果が表われていること
②効率性	成果に対して最少の経費及び時間で事務が執行されていること
③経済性	費用や手間などがかからず、無駄なく、安価なこと
④合規性	法令等の規範に従って事務が執行されていること
⑤実在性	資産や負債が実際に存在し、取引や事象が実際に発生していること
⑥網羅性	把握すべき資産、負債、取引や事象をすべて漏れなく把握していること
⑦権利と義務の帰属	資産に対する権利及び負債に対する義務が地方公共団体等に帰属していること
⑧評価の妥当性	資産及び負債を適切な価額で評価していること
⑨期間配分の適切性	取引や事象を適切な金額で記録し、収益及び費用または収入及び支出を適切な期間に配分していること
⑩表示の妥当性	資産、負債、取引や事象を適切に表示していること

第2章　地方自治法と監査実務

試査と精査

試査と精査の定義

監査等の手続は、試査又は精査によります。

試査と精査の定義

試 査	監査等の対象となっている事項について、その一部を抽出して調査し、その結果によって、全体の正否又は適否を推定すること
精 査	監査等の対象となっている事項について、全部にわたり精密に調査し、その正否又は適否を明らかにすること

監査委員監査には様々な種類があるため（56ページ「監査等の種類」参照）、それぞれの監査等の目的に応じて、監査委員監査は「試査又は精査」によるとされています。

実務上、財務監査、行政監査及び決算審査等の手続で、監査等の対象となる事務処理数が膨大である場合は、通常「試査（サンプリング）」によります。

一方、住民監査請求等に基づく監査等、いわゆる「要求監査」の手続は「精査」によるという実務が、監査委員監査において一般的です。

なお、監査等の実施の結果、異常の兆候を発見した場合は留意が必要です。たとえば、**重要な不整合、不一致、プロセスの欠落、事務の誤り等の異常の兆候が検出され「異常の兆候と判断」した場合**、より慎重に、十分かつ適切な監査等の証拠を入手し、必要な手続を追加実施しなければなりません。

標準サンプル数は25件

ビッグデータとも呼ばれる大量データ（母集団）から、一部を標本（サンプル）として抽出し、母集団の性質を判断することを「**試査**」「**サンプリング**」と言います。これは統計調査の基本です。

たとえば、売掛金という勘定科目では、サンプリングを通じ、残高確認書の送付先を決定、この確認書の回答をもって売掛金の計上妥当性を判断するなど、サンプリングは監査等の手続として重要な意味を持ち合わせています。

一般的にサンプル数は25件とされることが多いと思います。これは『財務報

告に係る内部統制の評価及び監査に関する実施基準　Ⅲ．財務報告に係る内部統制の監査』（企業会計審議会）を根拠としています。

無作為抽出法（ランダムサンプリング）

　代表的なサンプル抽出方法として、母集団から無作為（ランダム）に標本抽出（サンプリング）する無作為抽出法があります。これをExcelで行うには、次のような方法があって、それぞれ違いがあります。

	①RANDBETWEEN 関数	②分析ツール 〔乱数発生〕	③分析ツール 〔サンプリング〕
再現性	×	○	△ （周期変化は可）
整数化	○	×	○
整列化	△ （コピー後は可）	○	○

無作為抽出法❶　RANDBETWEEN関数を使う方法

　RANDBETWEEN関数は、RAND＝ランダムに、BETWEEN＝□から◇までの数字をサンプリングするという関数です。1から100までの数字の中から1つのサンプルを抽出する場合、＝RANDBETWEEN（1,100）のようにExcelの任意のセルに入力します。

　ただ、RANDBETWEEN関数は、毎回異なる回答を算出し、再現性がありません。監査等で文書化することを考えると、次の（ア）から（エ）の4点で工夫が必要となります。

　（ア）任意のセル（たとえば、セルA1）に＝RANDBETWEEN（1,100）と入力し、（イ）これも含めて25個のセルにコピペ（コピー＆ペースト。複写して貼り付け）します。

　RANDBETWEEN関数ではじき出された結果を見ると、当然ランダムに抽出され、順番がバラバラになります。実務では、この数字を元に、在庫棚卸の対象棚番を決定したり、確認状の発送先を選定したりすることになりますが、ランダムな状態で番号順ではないため、こうした作業が煩雑となってしまいます。

　そこで、このランダムな数字を番号順に整列するためデータの並べ替えを行います。留意点として、（ウ）RANDBETWEEN関数で算出された25件を値としてコピペ後、（エ）抽出データの並べ替えを行うようにしてください。

RANDBETWEEN関数のままですと、いつまでたっても番号順に整列されないからです。

無作為抽出法❷　分析ツールの「乱数発生」を使う方法

〔分析ツール〕はExcelの初期画面にありません。〔アドイン〕と呼ばれる追加機能を設定する必要があります。〔アドイン〕の設定は、Excelのバージョンにより若干異なります。

Excel2010では、次のように〔分析ツール〕を設定します。〔ファイル〕→〔オプション〕→〔Excelのオプション〕画面が現われます。この画面の左側にある〔アドイン〕をクリックし、アドインの状態を確認します。初期設定の画面では「アクティブなアプリケーションアドインはありません」と表示され、〔分析ツール〕は見当たらないと思います。

そこで、画面下にある〔管理（A）〕という小窓で〔Excelアドイン〕を表示後、〔設定（G）〕→〔アドイン〕画面が現われたら、この画面の〔有効なアドイン（A）〕の中にある〔分析ツール〕に☑し、〔OK〕をクリック。これで、〔データ〕タブの中に、〔分析〕グループ→〔データ分析〕が現われます。

〔データ分析〕をクリックすれば〔データ分析〕の画面と〔分析ツール（A）〕が現われ、この中の1つに〔乱数発生〕があります。

〔分析ツール〕の設定方法

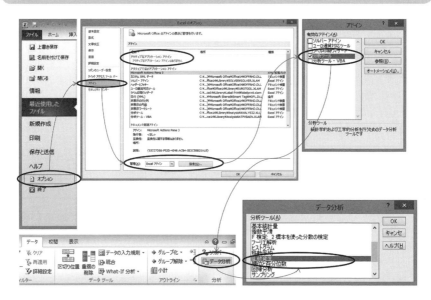

〔分析ツール〕設定後、〔乱数発生〕の画面で、サンプルの条件を設定します。今回は、財務会計でよく用いられる仕訳伝票のような、単純な番号を対象としてサンプリングしますので、〔分布〕は〔均一〕とします。〔均一〕という区分は、統計学でいう「一様分布」のデータからサンプリングする際に用います。

〔均一〕設定後、次図〔乱数発生〕の設定画面が現われます。なお、〔分布〕にはこのほか、平均値を中心に富士山のような左右に裾野が広がる誤差を伴う事象の発生確率を捉える際に用いる〔正規分布〕、でたらめ（ランダム）に生じる事象の発生確率を把握する際に用いる〔ポワソン分布〕などの設定もあります。適宜活用してみてください。

1から100までのデータ（パラメータ）の中から25件の乱数を抽出したい場合、〔パラメータ〕に「1から100まで」と入力、〔乱数の数〕に「25」と入力します。

ここで〔ランダムシード〕を入れることを忘れないでください。ランダムシードとは、乱数を発生させる識別番号のことです。同じランダムシードであれば同じ乱数を発生できる、つまり、乱数の抽出過程を再現できるようになります。

監査等の文書化の過程を考えた場合、乱数発生を再現できるという点は、監査等の作業実行者からすれば「恣意的にデータ抽出していない」ことを主張でき、メリットがあります。一方で、〔乱数発生〕は、整数の乱数を計算しないデメリットもあるので、あらかじめサンプリングのルールを作成しておく必要

〔乱数発生〕の設定画面と結果

もあります。

〔乱数発生〕を用いる場合のサンプリングルール案
①Excelの乱数発生によってサンプリングし、これを整数に直した結果、同じ値をサンプリングした場合、その次の整数をサンプルとする
②Excelの乱数発生によってサンプリングし、これを整数に直した結果、同じ値をサンプリングした場合、重複したサンプル個数を再度抽出する
③前もってサンプルの重複を予想して多めにサンプリングし、重複したデータを除外後に上から順番にサンプルデータとする

　〔乱数発生〕を使う場合、上記ルール案①から③のいずれかのようなサンプリングのルールを、あらかじめ作っておく必要があります。これは、監査人等が恣意的にサンプリングしていないことを担保するためです。

　なお、ランダムシードは常に同じにしない方がよいでしょう。なぜなら、不正実行者も同様に考え、監査人等がどのようなランダムシードを使うか事前に調べていれば、サンプルの特定が可能となるからです。同じランダムシードを使うことで、サンプル対象から除外するなど、あらかじめデータを加工することもあり得ないことではありません。

　〔乱数発生〕を使う際には、こうした点にも留意してください。

無作為抽出法❸　分析ツールの〔サンプリング〕を使う方法

　分析ツールには〔サンプリング〕という機能もあります。

　〔データ分析〕→〔サンプリング〕から〔サンプリング〕の設定画面が現われます。ここにあらかじめ用意しておいたサンプリング対象となる伝票番号等のデータ項目を〔入力範囲（I）〕に設定し、〔標本の採取方法〕で〔ランダム（R）〕を選択して〔標本数〕を入力します。J-SOXという内部統制報告制度を考慮に入れれば、標準サンプル数は「25」と設定することになります。これで〔OK〕をクリックすれば、25件のサンプリングができます。

　ここでサンプルされた結果を並べ替え（ソート）して、番号順に整列化すれば、たとえば確認上の選定などで便利でしょう。この〔サンプリング〕も再現性はありません。

　ちなみに、〔標本の採取方法〕の〔周期変化（E）〕で、〔周期〕をたとえば「5」と設定すれば、サンプルを5つずつ周期的に採取することもできます。

系統的抽出法と金額単位抽出法

　サンプリングには、無作為抽出法（ランダムサンプリング）のほか、「系統的抽出法」や「金額単位抽出法」のような手法もあります。

サンプリング❶　系統的抽出法

　系統的抽出法とは、X番ごとにサンプルを抽出する方法です。100件のデータから25件サンプルを抽出したい場合、母集団100件のデータをサンプル数25で割り算し、サンプル間隔を求めます。つまり、100÷25＝4件ごとにサンプルを抽出します。〔分析ツール〕の〔サンプリング〕では、〔標本の採取方法〕で〔周期変化（E）〕を用い、あらかじめ金額順に並べ替えたデータ項目を対象に、〔周期〕を「4」と設定すればよいでしょう。

　細かい話ですが、1件目のサンプルをどこからスタートするか、といったことを気にされる場合もあるでしょう。この場合、RANDBETWEEN関数でサンプル抽出をスタートする位置を無作為に決定後、決定したサンプルよりも前のデータ項目を元のデータの最後に切り張りし、上記のようにサンプリングすればよいでしょう。

サンプリング❷　金額単位抽出法

　金額単位抽出法は、母集団を構成する金額データを用い、累計金額が設定した金額以上になるごとにサンプルとして抽出する方法です。合計40億円で100件のデータから、たとえば累計金額5億円という設定金額ごとにサンプル1件抽出する、という方法です。

階層化

　効率的・効果的な監査等を行うため、母集団を類似した特性を持ったグループに「階層化」することがあります。たとえば、金額の多寡に応じ、上位グループと下位グループの2つに分けサンプリングする方が、効率的・効果的な場合があります。

不正の兆候もしくは不正の事実を発見した場合

不正を発見したら追加手続

　不当又は違法な利益を得る等のために、他者を欺く行為を伴う、意図的な行為を「不正」といいます。

　監査等の手続の結果、検出した事項に不正の兆候もしくは不正の事実が認められる場合、より慎重に対処しなければならない点には留意が必要です。

　不正の兆候もしくは不正の事実が認められる場合、手続追加は必須であると筆者は考えます。なぜなら、不正の存在を認定した場合、関係者に対する法的対応も必要となる可能性がありますし、有事の対応が必要となりもするからです。

　また、1つの不正の発覚は氷山の一角に過ぎないと考えられるからです。ハインリッヒの法則が示すように、1つの重大事故の背後には29個の軽微な事故があり、300個のヒヤリ・ハットがあると言われもします。

　近年、行政に対する住民の関心は高まる一方です。監査委員の説明責任の観点からすれば、不正の兆候もしくは不正の事実を発見したにもかかわらず、何ら追加手続をしなかったというのでは説明責任を果たせない可能性が高いのではないでしょうか。

　監査委員は、合理的な基礎の形成のための十分かつ適切な監査等の証拠を入手しなければなりません。

1件の大失敗の裏側にあるもの（ハインリッヒの法則）

　1件の大失敗の裏には、役職員が「しまった！」と思う失敗が29件もあり、外部からのクレームがないため見逃している**ヒヤリ・ハットした事象も300件**は存在する、これがハインリッヒの法則です。

　認識された失敗も含め「潜在的失敗＝エラー」の抽出・把握が、不祥事を減らすために不可欠です。

84

ハインリッヒの法則（1：29：300）

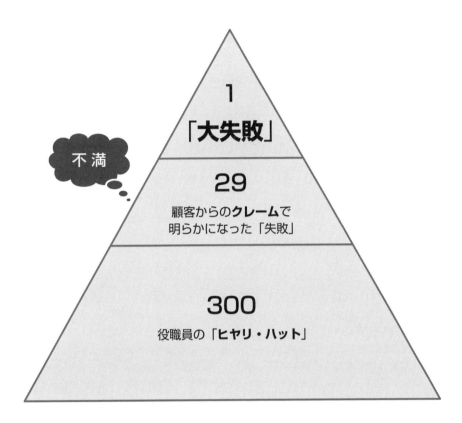

監査報告等の提出と合議

住民にとってわかりやすい表現で公表する

　一般に監査結果は公表する必要があります。これは監査委員監査も同様です。しかも、監査結果の読者の1人である**住民にもわかりやすい表現で公表する**必要もあります。

　また、**監査委員は独任制ですが、監査報告等の決定は監査委員の合議**が必要です。

監査委員の合議内容

⑴　財務監査（法第199条第1項）、行政監査（法第199条第2項）、住民の直接請求に基づく監査（法第75条）、議会の請求に基づく監査（法第98条第2項）、市長の要求に基づく監査（法第199条第6項）、財政援助団体等に対する監査（法第199条第7項）、市長又は企業管理者の要求に基づく職員の賠償責任に関する監査（法第243条の2第3項又は公企法第34条）に定める監査結果

⑵　住民監査請求に基づく監査（法第242条）に定める監査及び勧告

⑶　決算審査（法第233条第2項又は公企法第30条第2項）、基金の運用状況審査（法第241条第5項）、健全化判断比率審査（健全化法第3条第1項）、資金不足比率審査（健全化法第22条第1項）に定める審査意見

⑷　包括外部監査人の監査結果に関する意見（法第252条の38第5項）

⑸　住民の直接請求に基づく監査について、個別外部監査契約に基づく監査によること、及び個別外部監査契約の締結に関する意見（法第252条の39第7項）

⑹　議会の請求に基づく監査について、個別外部監査契約に基づく監査によること、及び個別外部監査契約の締結に関する意見（法第252条の40第4項）

⑺　市長の要求に基づく監査について、個別外部監査契約に基づく監査によること、及び個別外部監査契約の締結に関する意見（法第252条の41第4項）

⑻　市長の要求に基づき、財政援助団体等に対する監査を、個別外部監査契約に基づく監査によること、及び個別外部監査契約の締結に関する意見（法第252条の42第4項）

⑼　住民監査請求に係る監査について、個別外部監査契約に基づく監査によることの決定及び個別外部監査人が陳述を行う場合の立会いに関する協議（法第252条の43第3項及び第8項）

⑽　住民監査請求に係る個別外部監査結果報告の請求理由の有無及び勧告（法第252条の43第5項）

合議の特例（改正法第75条第５項、改正法第199条第13項）

　監査委員監査は合議、つまり監査委員全員の協議によりその意見を一致させることとされていますが、改正法では合議の特例が認められることになりました。これは、合議が整わない場合、監査結果の報告等を決定しえないという問題を解消するためです。

　改正法では、合議により決定することができない事項がある場合、その旨及び当該事項についての各監査委員の意見を長等に提出し、かつ、公表しなければならないとされました。一方、合議により決定することができないとなれば、監査の社会的信頼が損なわれることも懸念されます。そこで、合議の特例は、次の２つに限定することとされています。

合議の特例

改正法第75条第５項	事務監査請求に係る監査結果報告の決定
改正法第199条第13項	財務監査・行政監査に係る監査結果報告の決定

監査報告等に記載すべき基本的事項

責務を全うしていることを主張する

監査報告等に記載すべき基本的事項は、次のとおりです。

- 地方自治法に準拠している旨
- 監査等の期間
- 監査等の対象場所
- 監査等の対象事務の概要
- 監査等の主な着眼点
- 監査等の実施方法
- 監査等の主な実施内容
- 監査等の結果（指摘事項、意見）
- その他必要と認める事項

なお、重大な制約等(*)があったため結果及び意見を決定できない場合、説明責任を果たすため、「その旨、内容及び理由等」を監査報告等に記載すべきです。

これは、住民監査請求等を考えれば、当然です。監査委員としての責務を全うしていることを主張すること、果たすべき責務を監査委員の事情によって怠ったのではないことを主張することも必要だという点には留意してください。

(*) 重大な制約（例）
- 災害、事故等により物理的に監査等の実施に支障がある場合
- 監査等の対象部局等の非協力（圧力や抵抗を含む）
- 監査妨害や監査拒否　など

監査報告書（イメージ）

〇年〇月〇日

〇〇年度定期監査等結果報告

〇〇市監査委員〇〇〇〇
〇〇〇〇

　地方自治法（昭和22年法律第67号）第199条第1項、第2項及び第4項の規定に基づき実施した〇年度定期監査等について、同条第9項の規定によりその結果に関する報告を次のとおり決定した。

第1　　監査の概要

1　監査の期間〇年〇月〇日から同年〇月〇日まで

2　監査の対象
　　〇〇局〇〇部〇〇課所管事務

3　監査の範囲及び方法
　　　今回の監査は、〇〇局〇〇部〇〇課所管事務が関係法令等にのっとり適正に行われているか、また、合理的かつ効率的に行われているかという観点から、主として〇年度について、次の着眼点及び方法により実施した。

（1）監査の主な着眼点
　　①現金、有価証券等の取扱いは適切か。
　　②収入関係事務は適切か。
　　③超過勤務手当に係る事務は適切か。
　　④補助金に係る事務は適切か。
　　⑤委託契約等に関する事務は適切か。
　　⑥所管事業が、適切かつ効果的か。
　　⑦財産管理事務は適切か。

（2）監査の実施方法
　関係書類等を抽出等により調査するとともに、関係職員から説明を聴取するなどの方法により実施した。なお、関連する事務として〇〇センターを抽出した。
　　重点的に調査を行った項目は、以下のとおりである。
　　①現金等検査を実施し、出納簿等と照合
　　②使用料等の納入通知書等を閲覧、納期限の設定等の確認
　　③超過勤務時間外勤務命令における認定等の手続及び理由の妥当性の確認、勤務状況や出張命令等との整合性の確認
　　④補助金の交付申請書、決定通知書、実績報告書等の閲覧による交付決定手続、履行確認等が適切かを確認
　　⑤委託契約に係る支出決議書、契約書、実績報告書等の閲覧による契約事務・仕様書・履行確認等が適切かを確認
　　⑥実施事業が、計画等に沿って効果的に行われているかを関係書類の閲覧、関係職員からの事情聴取により確認
　　⑦備品台帳と現物と照合、財産使用許可申請書・減免申請書等の閲覧により許可事務が適切かを確認

第2　　事務の概要
　今回監査の対象とした〇〇局〇〇部〇〇課に係る主な業務の概要は次のとおりである。
　　①事務分掌
　　②人員配置
　　③関連する統計データ

第3　　監査の結果
　今回監査を実施したところ、次のとおり注意、改善すべき点が認められたので、これらに留意し、適正で合理的かつ効率的な事務事業の執行に一層努力されたい。
　　①指摘事項
　　②意見

第2章

地方自治法と監査実務

89

報告の徴取

公金等の検査結果の報告を求めることができる

　監査委員は地方公共団体の会計管理者又は公営企業の企業管理者に対し、公金等の検査の結果について報告を求めることができます。

　地方自治法施行令第168条の4第3項は「監査委員は、第一項の検査の結果について、会計管理者に対し報告を求めることができる」としています。指定金融機関等の検査について「定期及び臨時に公金の収納又は支払の事務及び公金の預金の状況を検査しなければならない」という同条第1項の検査の結果について、会計管理者に対し報告を求めることができるとしています。

　地方公営企業法施行令第22条の5第3項は、出納取扱金融機関等に対する検査に関する規定で、「監査委員は、第一項の検査の結果について、管理者に対し報告を求めることができる」としています。なお、同第1項は「管理者は、出納取扱金融機関及び収納取扱金融機関について、定期及び臨時に地方公営企業の業務に係る公金の収納又は支払の事務及び預金の状況を検査しなければならない」としています。

　地方自治法施行令第158条の2第5項は「監査委員は、第三項の検査について、会計管理者に対し報告を求めることができる」としています。同第3項は「会計管理者は、受託者について、定期及び臨時に地方税の収納の事務の状況を検査しなければならない」という規定です。受託者に委託できる内容は、第158条第1項に掲げる**使用料、手数料、賃貸料、物品売払代金、寄附金、貸付金の元利償還金**という普通地方公共団体の歳入についての収納の事務になります。

90

監査報告等の公表

公表対象とは

　監査委員は、監査報告等を**必要な時期を逸することなく公表**する必要があります。公表対象は、地方自治法に定めのある次の8つです。

- 財務監査（法第199条第1項）
- 行政監査（法第199条第2項）
- 住民の直接請求に基づく監査（法第75条）
- 議会の請求に基づく監査（法第98条第2項）
- 市長の要求に基づく監査（法第199条第6項）
- 財政援助団体等に対する監査（法第199条第7項）
- 住民監査請求に基づく監査（法第242条）
- 共同設置機関の監査（法第252条の11第4項）

措置状況の報告等

監査委員の重要な役割

地方自治法第199条第12項に関する総務省通知（平成10年4月1日付）において、「長等が監査委員の監査結果の報告に基づく改善策を講じない場合は、監査委員に対する報告義務はない」とされています。

しかし、**監査委員には「業務の改善を促す」という重要な役割もあります。**

こうした認識に立てば、措置がなされているのかどうか、状況報告を求め確認を行うことは、監査等の結果の有効性を向上させるためにも必要です。

コラム　監査委員による勧告制度
（改正法第199条第11項・第12項・第15項）

これまで、監査を受けた者が監査の結果を参考として措置を講じた場合に監査委員に通知する義務が課されていますが、措置を講じなかった場合の義務がありませんでした。

改正法では、監査委員が特に措置を講じる必要があると認める事項については、理由を付して、必要な措置を講ずべきことを勧告することができ、勧告内容を公表しなければならないとしています。さらに、勧告を受けた者は、当該措置の内容を監査委員に通知し、監査委員は当該内容を公表しなければならない、としています。

第 3 章

財務監査等の基礎知識

　第31次地方制度調査会が指摘するように、人口減少が進み、資源が限られる中、事務を執行する地方公共団体の長自らが、行政サービスの提供等の事務上のリスクを評価・コントロールし、事務の適正な執行を確保する体制＝内部統制体制を整備・運用する取り組みを進める必要があります。

　こうした観点から、第３章の前半で実施すべき監査等の手続や地方公共団体の計数に現れる主な異常点に触れ、後半で内部統制とリスク・アプローチなどを取り上げます。

財務監査の意義

財務監査の視点と範囲

　代表的な監査委員監査の１つに財務監査があります。地方自治法第199条第１項によれば、財務監査とは、(1)普通地方公共団体の「財務に関する事務の執行」、及び(2)普通地方公共団体の「経営に係る事業の管理」について行う監査である、とされます。

　このうち、(1)**「財務に関する事務」**は、法第２編普通地方公共団体「第９章財務」に規定されている**予算の執行、収入、支出、契約、現金及び有価証券の出納保管、財産管理等の事務の執行を包含する**（昭和38年12月19日通知）とされます。

> 財務事務の監査
> ①予算執行、②収入事務（市税を含む）、③起債及び一時借入金、④支出事務、⑤契約事務、⑥現金及び有価証券の出納事務、⑦財産管理事務

　(2)**「経営に係る事業」**は、公企法第２条第１項または第２項の企業（**水道事業、工業水道事業、軌道事業、自動車運送事業、鉄道業、電気事業、ガス事業、病院事業**）よりも範囲は広く、**森林、牧場、市場の経営等**の収益事業も包含されます。

> 経営に係る事業管理監査
> ①経営関連(事業関連を含む)、②組織関連、③人事関連、④事務関連(工事関連を含む)

　なお、監査実施にあたり次の観点に留意する必要があります。

> 監査の観点
> ①地方自治法上に明記されている監査実施の留意事項（第199条３項、第２条14項、15項）
> • 地方公共団体の事務が、最少の経費で最大の効果を上げるようにしているか。
> • 地方公共団体が組織及び運営の合理化に努めているか。
> ②地方公共団体の運営が適法に、公正かつ合理的・効率的になされているか。
> • 合規性
> • 適正性
> • ３Ｅ監査＝経済性（Economy）、効率性（Efficiency）、有効性（Effectiveness）

　財務監査は、定期監査、随時監査として行われます。

> **定期監査**：少なくとも年１回以上期日を定めて実施（第199条第４項）
> **随時監査**：必要があると認められるとき（第199条第５項）

財務事務の範囲

区　分	内　容	条　文
第1節　会計年度及び会計の区分	会計年度及びその独立の原則	第208条
	会計の区分	第209条
第2節　予算	総計予算主義の原則	第210条
	予算の調製及び議決	第211条
	継続費	第212条
	繰越明許費	第213条
	債務負担行為	第214条
	予算の内容	第215条
	歳入歳出予算の区分	第216条
	予備費	第217条
	補正予算、暫定予算等	第218条
	予算の送付及び公表	第219条
	予算の執行及び事故繰越し	第220条
	予算の執行に関する長の調査権等	第221条
	予算を伴う条例、規則等の制限	第222条
第3節　収入	地方税	第223条
	分担金	第224条
	使用料	第225条
	旧慣使用の使用料及び加入金	第226条
	手数料	第227条
	分担金等に関する規制及び罰則	第228条
	分担金等の徴収に関する処分の審査請求	第229条
	地方債	第230条
	歳入の収入の方法	第231条
	証紙による収入の方法等	第231条の2
	督促、滞納処分等	第231条の3
第4節　支出	経費の支弁等	第232条
	寄附又は補助	第232条の2
	支出負担行為	第232条の3
	支出の方法	第232条の4
		第232条の5
	小切手の振出し及び公金振替書の交付	第232条の6
第5節　決算	決算	第233条
	歳計剰余金の処分	第233条の2
第6節　契約	契約の締結	第234条
	契約の履行の確保	第234条の2
	長期継続契約	第234条の3
第7節　現金及び有価証券	金融機関の指定	第235条
	現金出納の検査及び公金の収納等の監査	第235条の2
	一時借入金	第235条の3
	現金及び有価証券の保管	第235条の4
	出納の閉鎖	第235条の5
第8節　時効	金銭債権の消滅時効	第236条
第9節　財産	財産の管理及び処分	第237条
	公有財産の範囲及び分類	第238条
	公有財産に関する長の総合調整権	第238条の2
	職員の行為の制限	第238条の3
	行政財産の管理及び処分	第238条の4
	普通財産の管理及び処分	第238条の5
	旧慣による公有財産の使用	第238条の6
	行政財産を使用する権利に関する処分についての審査請求	第238条の7
	物品	第239条
	債権	第240条
	基金	第241条
第10節　住民監査請求及び訴訟	住民監査請求	第242条
	住民訴訟	第242条の2
	訴訟の提起	第242条の3
第11節　雑則	私人の公金取扱いの制限	第243条
	職員の賠償責任	第243条の2
	財政状況の公表等	第243条の3
	普通地方公共団体の財政の運営に関する事項等	第243条の4
	政令への委任	第243条の5

実施すべき監査等の手続

📋 最低限の簿記の知識と異常点を的確に把握するノウハウが必要

　監査等を行うにあたり、**監査等の証拠の量と質、得られる証拠力やその容易性を考慮し「十分かつ適切な証拠」を入手する**必要があります。監査等の証拠を入手するために使用可能な手法を監査技術、監査証拠を入手するプロセスを監査手続と言います。

　実施すべき監査等の手続には下図のようなものがあります。なお、下図の枠内は、ＣＡＡＴ（Computer Assisted Audit Techniques、コンピュータ利用監査技法）との親和性が高い監査技術です。下図では、証憑突合・帳簿突合・計算突合を単に突合、分析的手続を単に分析と表現しています。

　『地方公共団体における内部統制のあり方に関する研究会報告書』で取り上げられているように、不適正経理、事務処理ミス、法令違反等、不祥事件の続発が問題視されています。膨大な取引記録等を前に不祥事件と上手に対峙するには、最低限の簿記の知識（第１章）と、異常点を的確に把握するノウハウ（第５章）が必要です。

主な監査技術（枠内は、ＣＡＡＴと親和性あり）

実　査	立　会	確　認
質　問	閲　覧	調　整
視　察	観　察	通　査
突　合	分　析	比　較
再　実　施	再　計　算	

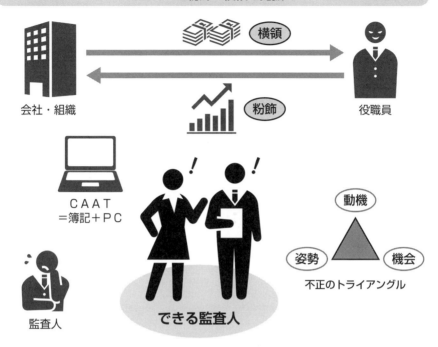

> **コラム** **監査委員と監査事務局担当者の監査**

『地方公共団体における内部統制の整備・運用に関する検討会　参考資料集』に、より質の高い監査を実施するため、次のような監査の具体的方法が提案されています。

監査の具体的方法(イメージ)

○**監査事務局職員による監査**
①計算突合
　合計額、差額等を自ら計算し、計算に誤りがないかどうかを点検する。
②帳簿、証拠書類等との突合
　各種の帳簿と各種の証拠書類、伝票、会議録、契約書その他取引に基づいて作成される書類等との突合、各種の帳簿相互間の突合を行う。
③実査
　現金、公有財産、物品等につき、みずから倉庫その他の保管場所につき調査する。
④確認
　契約の相手方等につき、事実を確認する。その方法としては、文書による回答を求め、必要があれば出頭を求め、調査をし、帳簿、書類その他の記録の提出を求める。

○**監査委員による監査**
⑤質問
　責任者、事務担当者等に質問をし、説明を求め、場合によっては書類による回答を求める。

実査

実査のポイント

　実査は、現金や預金証書、受取手形や有価証券、固定資産など、有形資産の**実在性に関する証明力ある監査等の証拠を入手するため、監査人自らが現物を実際に確かめる手法**です。

　数量や品質、所有権の有無など、対象物の現況を確かめ、対象物に関する内部統制の信頼性を確かめる手段ともなります。

実査における一般的な留意点

同時性の原則	換金性の高いものは、同時に実査する必要があります
監査人の管理下に置く	実査対象物を実査済と未済に区分、封印し、実査完了まで管理します
監査調書はボールペンか万年筆で作成	消せるボールペンや鉛筆はNGです
コピー厳禁	預金証書のコピーを見ても、実査したことにはなりません
整理整頓	机上に物がない状況で実査をしないと、紛失の恐れがあります
1人だけの状況で実査を行わない	紛失などがあれば、疑われてしまいます
実査後、返却の事実を署名でもらう	後日の紛争防止のため、返却事実を明確に
大金庫も実査	簿外の現金や証書等の実査対象物の保管現況を視察してください
差異の原因追及	帳簿と現物の差異は、徹底的に原因追及し、会計処理の妥当性を検証してください
三現主義の徹底	不正防止の大原則は、現地、現物、現況という「三現主義」の徹底把握にあります

現金実査表（イメージ）

会社名・事業場名	甲社		調査番号		B-1
事業年度 第10期	自○年○月○日 至◇年◇月◇日		作成者	村井	◇年□月□日
			査閲者	佐藤	◇年□月△日

現 金 実 査 表

（通貨）金　種	＠	数　量	金　額
紙幣　10,000円	10,000円	4	40,000円
5,000	5,000	5	25,000
1,000	1,000	208	208,000
500	500	―	―
コインロール　100	5,000	3	15,000
50	2,500	―	―
10	500	―	―
5	250	―	―
1	50	―	―
硬貨　500	500	16	8,000
100	100	―	―
50	50	22	1,100
10	10	30	300
5	5	5	25
1	1	7	7
通貨計			297,432
（現金等価物）摘要			金　額
			円
現金等価物計			―
現金勘定合計			297,432

実査担当者　村井　直志　㊞　　　実査日時　◇年□月□日

貴事務所による上記の手持現金の実査に際し、私の責任において保管しているすべての手持現金を監査人に提示し、実査終了後すべてのものが私に返還されたことを確認します。

部署名　○○　　　氏名　名無　権平

現金出納の異常点

異常なキャッシュ推移の兆候把握

　次の問題は、異常点監査技法を編み出された恩師・野々川幸雄先生の著書で紹介され、かつ先生が公認会計士試験委員をしていた当時の出題であることから、先生自身が出題されたものと思われる、異常なキャッシュ推移の兆候把握の事例です。

現金出納の異常点

(単位：万円)

年月日	相手科目	摘要	小切手番号	入金	出金	残高
11月1日		前月繰越				200
11月2日	当座預金	A銀行引出し	A1234	100		300
11月2日	経費	少額の費用支出が数件ある			10	290
11月3日	売掛金	Z商店　10月請求締分　小切手入金		200		490
11月3日	当座預金	同上　A銀行に預け入れ			200	290
11月10日	経費	少額の費用支出が数件ある			40	250
11月29日	買掛金	甲社支払			50	200
11月30日	当座預金	A銀行引出し	A5678	100		300
11月30日	本社	余裕資金送金			150	150
11月30日	社内預金	4口払出合計			60	90
11月30日	経費	少額の費用支出が数件ある			30	60

条件1．この支店の現金手持必要額は、質問への回答と監査人推定の結果では、通常は50万円～70万円と判断される。
条件2．この支店の支払日は毎月10日であり、1件20万円以上の支払いは小切手又は銀行振込によるとの内規がある。
条件3．当座預金出納帳の11月10日に、買掛金・甲社・10月請求締支払・小切手番号A1250・200万円の記録がある。
条件4．「少額の費用支出が数件ある」とした2日・10日・30日は、問題を簡易にする意図以外に他意はない。
条件5．10日以降29日まで取引記録がないが、問題を簡易にする意図以外に他意はない。

　野々川先生が示す解答例にCAATの視点を加えて解説すると次のようになります。

> ①「11/1の残高が200万円に対し、11/2に当座預金100万円を引出し、しかも11/2～28の間にこの引出しを要する支出記録がない」
> 「11/30の当座預金引出は社内預金払出と少額取引の支出に充当予定とも考えられるが、11/29の残高だけで十分」

　このように、入金・出金・残高という「入出残」の関係に着目します。

　その基本は、定額資金前渡制度（インプレストシステム）の運用にあると考えられます。上表の注釈「条件1．」の上限、70万円超の残高データに着目します。

　本件のように、月末最後のデータのみが上限内で、月中ほとんど残高上限が守られていない場合、出納関係の統制不備の可能性があり、横領等のリスクが

高いと言えます。

②「11/3は祝日、通常は入出金取引があるはずがない」

　曜日データに注目するわけです。

　これは、**入出金データの曜日をＣＡＡＴで分析**してみればよいでしょう。セルの書式を「aaa」とし、日付データを曜日データに変換してみれば、イレギュラーな曜日に入力されたデータを抽出できます。

　不正実行者の心理を垣間見れば、「どうにかして、不正を隠したい」という心理が働くものです。一般的な組織を考えた場合、土日や祝祭日、早朝や深夜といった、他人の目に触れることが少ない日時を狙ってデータ投入することが考えられるでしょう。

　そこで、「11/3」のような日付データを、「日」という曜日データに変換してみようという発想が出てきます。たとえば、セルA1に日付データがある場合、左クリック後に現われる画面で〔セルの書式設定（F）〕をクリック、表示される〔セルの書式設定〕で〔種類（T）〕に「aaa」と入力すれば、日付データを曜日データに変換できます。

　こうすることで、「日曜日に入力されたこのデータは？」というように、新たな異常点に対する視点を持てるようになります。

　ちなみに曜日データは、「日」→「aaa」、「日曜日」→「aaaaa」、「Sun」→「ddd」、「Sunday」→「ddddd」のように、〔セルの書式設定〕〔種類（T）〕で指定すれば、それぞれ表示できますので試してみてください。

　一手間加え、**ピボットグラフを活用**してみるのもよいでしょう。〔挿入〕タブの〔テーブル〕グループの中に〔ピボットテーブル〕と示された▼をクリックすると選択できます。対象データの選択方法などは、ピボットテーブルと同じです（198ページ）。

　日付や曜日に関するＣＡＡＴには、次のような論点もあります。

　財務会計システムから、CSVファイル（テキスト形式のファイルデータ）で仕訳データを抽出し、仕訳テストというＣＡＡＴを行いますが、実務上、日付列として存在するデータが、日付データとして、うまく加工できない・取り込めないことがあります。

　たとえば、「2017年10月1日」を示すExcelデータが「1710 1」のように、年月日の間にスペース（空白の文字列）が入った形式で表されることがあります。このようなデータを用い、ExcelでＣＡＡＴを行おうとしても、日付データとしてExcel上認識してくれず、ＣＡＡＴをうまく行うことができません。2017

年10月31日を表わす「171031」というデータの後に、2017年10月1日を表わすはずの「1710 1」のデータが来てしまうなど、データが正しく日付順に整列してくれない、こうした問題点が生じてしまう場合があります。

日付データとして取り扱うには、(1)空白の文字列を「0（ゼロ）」に置き換える、(2)データの頭に「20」を加えて「2017」年であることを表わす、という作業が必要になります。

③「11/30に当座預金を現金化し、余裕資金として本社送金するのは不自然。預金のまま送金するのが通常である」

これは、ピボットテーブルで〔列ラベル〕に「摘要」、〔行ラベル〕に「借方」「貸方」をそれぞれ指定し、同日付で引出と送金が実施されている入出金データを抽出してみるとよいでしょう。

③同日の預金引出と本社送金のデータ抽出

④「所定支払日の11/10に、当座預金出納帳上、甲社買掛金10月分締分200万円の支払記録がある。一方、現金出納帳の11/29に支払内規に反し、しかも請求締日の記録もない甲社買掛金支払50万円があるのは不自然」

これは、出金日データをピボットテーブルで、出金日別に件数や金額を集計すれば、異常な出金データを抽出できます。

⑤「11/2と11/30の当座預金引出小切手番号の飛び方が不自然」

これは、小切手番号列で番号が連続していないデータを抽出してみます。

例月出納検査で現金実査が行われるのは、不正実行者からすれば百も承知です。上記のような現金出納の異常点を把握できる必要もあります。

不可解な一致とカイティング

不正行為を隠す目的で行われるカイティング

　横領を隠す目的で「カイティング（kiting）」が行われることがあります。カイト、つまり**凧の糸を操るように、預金口座の資金移動を行い、預金残高の不足額を取り繕う**という操作を「カイティング」と言います。

　本来あるべきＡ銀行の当座預金残高が100に対して、20横領されていたとします。すると、この時点ではＡ銀行に80の預金残高しかないわけです。そこで、横領の隠蔽目的で、カイティングが次のように行われることがあります。

　横領された20に見合う預金を、期末日３月31日にＢ銀行（３月31日残高100）から小切手を振り出すことで、Ａ銀行に預け替えを行い、翌４月１日付でこの預け替えの仕訳を次のように行うのです。

（借方）Ａ銀行預金　20　　（貸方）Ｂ銀行預金　20

　すると、Ａ銀行ではこの小切手を受け入れ、他行振出しのＢ銀行小切手20も含めた残高証明書を発行してくれます。３月31日時点の残高証明書には、Ａ銀行の預金残高は100と記載されます。

　一方、Ｂ銀行の預金口座は３月31日時点では20の預け替え、つまり資金移動に伴う預金のマイナスが反映されません。Ａ銀行からＢ銀行へ呈示、交換されるのは翌４月１日になるからです。したがって、３月31日時点のＢ銀行の残高証明書には、資金移動前の状態100と記載されます。

　しかも、会計帳簿上は横領を隠しているので、Ａ銀行の帳簿残高は100、預け替えの仕訳は４月１日で行われるから、Ｂ銀行のそれは預け替え前の残高100のままです。カイティングを使えば預金不足を隠蔽できてしまうのです。

　そこで、カイティングを使った不正会計をＣＡＡＴで抽出してみることが考えられます。ポイントは仕訳データから４月１日に預け替えにより資金移動している、次のような預け替えの取引データを抽出すればよいでしょう。町村であれば５月31日と６月１日をまたぎ資金移動されているデータに注目します。

（借方）Ａ銀行預金　20　　（貸方）Ｂ銀行預金　20

　このデータを対象に預け替え先のＡ銀行に着目し、３月31日の残高証明書を確かめます。もしＡ銀行の残高証明書とＡ銀行の帳簿残高が３月31日時点で一致していれば、カイティングの可能性が高いと判断できます。

　カイティングは**不可解な一致**という事実で異常点を把握します。

103

預金取引高の異常点

帳簿と当座預金照合表の突合

預金の横領を隠蔽した痕跡を、帳簿と当座預金照合表の突合により発見できる場合があります。

これは、任意の期間を対象に、監査対象組織が作成する帳簿（内部証拠）と金融機関が作成する当座預金照合表（外部証拠）の、それぞれの借方・貸方金額の合計額を算出し、その差額から異常点を把握します。

通常、帳簿と当座預金照合表の合計額は、基本的にどちらも同一金額となるはずです。これは、金融機関の側で把握された当座預金照合表の作成元データが、監査対象組織の帳簿データとして記帳される、最近話題のフィンテックFinTech（ファイナンスFinance＋テクノロジーTechnology＝金融テクノロジー）を考えれば当たり前です。

にもかかわらず、**帳簿と当座預金照合表の合計額が一致しないというのであれば異常点です**。もちろん、単なる仕訳入力の誤謬による訂正など、理由のある不一致もあります。ただし、一致しないデータの中には、横領等の隠蔽の痕跡が含まれている可能性もあるので留意が必要です。多額の不一致がある場合は、必ず不一致理由を確かめてください。

「当座預金照合表の取引量合計 ＞ 帳簿の取引量合計」のケース

監査対象組織の正式な承認を得ず、無断で多額の当座預金を引き出し、期中において監査対象組織の当座預金を個人的に流用、期末に流用額を戻し入れている「キセル」の可能性があります。

キセルとは、期中に出金記帳せず預金を途中解約・引き出し、期末日直前に流用した預金を穴埋めすることで、監査で注目されやすい期末日残高の帳尻を合わせるという横領の手口です。多額のキセルがある場合、預金平均残高×利率≒受取利息とならず、異常点が把握されることもあります。

「当座預金照合表の取引量合計 ＜ 帳簿の取引量合計」のケース

架空売上による売掛金の不良債権化を隠蔽するため、帳簿上で入金・回収があったように装い、加えて仮払金やその他の資産等、監査人が監査対象としないようなＢＳ科目に紛れ込ませて経理処理している場合などが想定されます。

なお、当該預金取引高チェックは、他の監査等の手続を通じ異常点が発見され、不正の存在等が懸念される場合に行うのが一般的です。

預金取引高チェック

摘　要	XX/5/31残高	入　金	出　金	XX/6/30残高
銀行	5,000,000	① 100,000,000	② (90,000,000)	15,000,000
調整項目：				
未落小切手	(3,000,000)		(11,000,000)	(14,000,000)
手数料未記帳			3,000	3,000
差額	－	(700,000)	700,000	－
帳簿	2,000,000	❶ 99,300,000	❷ (100,297,000)	1,003,000

　銀行が作成する「当座預金照合表」と、監査対象組織が作成する「帳簿」をもとに、入金・出金の取引高チェックを行います。

　基本的に、①＝❶、②＝❷となるはずですが、事例では差額700,000円が生じていますので、発生理由を確かめます。銀行訂正なども差額理由となることがありますが、不正会計の痕跡の場合もありますので留意してください。

不正を隠蔽するラッピング

債権をたらい回しにする古典的な入金操作

　ラッピング（lapping）とは、**債権をたらい回しにする不正隠蔽の手段**です。特に横領と関連してラッピングが行われ、目の行き届かない場所、小規模な部局や地方の事務所などで起こることがあります。そうした場所などに往査する際、特に留意すべき点の１つに、入金日や内訳金種が不安定な口座の把握があります。

　たとえば、公営企業等を想定した場合、得意先との取り決めで、入金回収はいつ締めで、何日までに、どのように回収するか、あらかじめ決めているはずです。したがって、入金回収条件から逸脱した取引データをＣＡＡＴで抽出すれば、異常な取引を検出できる可能性が高まります。

　そもそも、入金日は事故でもなければ、通常は決まった日時の前後１営業日程度で入金されるはずです。それが１週間もズレて入金されたというのであれば、何かおかしいとなり、横領の存在を疑ってみる価値は十分あるでしょう。横領により着服した金額を隠蔽するため、他の得意先からの回収金を当該横領の舞台となった口座の入金に充当することがあります。こうした「ラッピング」と呼ばれる、**古典的な入金操作による不正の手口が今でも行われていますので留意してください。**

　ラッピングは、得意先ごとの数か月間の入金データを分析すれば、入金日の異常をもって、判断できるでしょう。数か月前までは毎月25日に入金回収されていた取引が、ここ数か月間は20日であったり、月末であったりと、入金回収データに異常が発見されれば、その内容を把握してみる必要があるでしょう。

　入金内訳の金種にも留意してください。一般的に、振込や手形といったように、回収方法はあらかじめ決められているはずです。もしも、毎月の入金内訳の金種が頻繁に変化しているのであれば、異常点として抽出すべきです。

　こうした異常な入金データも、ピボットテーブルなどを使えば、比較的簡単に抽出可能です。

コラム　例月出納検査の主な視点

- 現金実査と現金残高一覧表（保管状況一覧表）等との帳票突合
- 預金通帳、証書の実査と預金残高一覧表等や残高証明書との突合（コピー厳禁）
- 一時借入金の帳簿残高と残高証明書の証憑突合
- 一時借入金のジャンプ（借り換え）理由の把握
- 会計管理者からの提出資料の計算突合（計算誤りが散見される）
- 通常動きのない定期預金、一時借入金の増減があれば理由把握
- 歳入予算額と調定額、調定額と収入済額との差異分析による収納状況の検討
- 年度、科目、相手先、金額に留意して証憑突合

コラム　現金のアサーション

　ＢＳ貸借対照表に「現金100万円」が計上されている場合、監査等の現場では、様々な視点で「本当に、現金100万円をＢＳ計上してよいのか？」検証します。

- 現金を数え100万円あるという「実在性」を確かめる
- 現金は全部で100万円あるという「網羅性」を確かめる
- 現金は１万ドルあり、１ドル＝100円で換算後、100万円あるという「評価の妥当性」を確かめる
- 現金100万円はすべて自分のものであるという「権利と義務」を確かめる

　このような「実在性」「網羅性」「評価の妥当性」「権利と義務」などを、「監査要点＝アサーション」と呼びます。
　監査等の手続を通じ、「本当に、現金100万円がある。だから、ＢＳに現金100万円を計上してよい」という、「経営者の主張」を確かめることができるわけです。

立会
たち　あい

📋 立会のポイント

　倉庫等に出向き、棚卸資産や固定資産等の数量を数えることを**実地棚卸**と言います。この実地棚卸を行う際、現場に立ち会い、その実地状況を視察して、**正否を確かめることを立会**と言います。

　立会の目的は、**資産評価単価Price×資産実在数量Quantity**、「P×Q」による資産計上額の確定、実地棚卸＝帳簿記録の関係から棚卸資産等に関する内部統制の評価にあります。

　棚卸資産の立会では次の３つの資料が必要です。実地棚卸に先立ち、あらかじめ棚卸計画を検討し、不備があれば改善を求める必要があります。

1	**実地棚卸規定**	（実地棚卸の目的や棚卸対象範囲の明確化などを規定する）
2	**棚卸計画書**	（実地棚卸に関する作業範囲、責任帰属、日程などを定める）
3	**棚卸指示書**	（事前準備、現品調査、事後調査などを明確に指示する）

📋 実地棚卸の立会に関する一般的な留意点

　次のような点に留意し、実地棚卸の立会を行います。

1	**所定手順への準拠性**	現場視察、棚卸担当者に質問、抜き取り検査等で検証
2	**棚卸実施状況の把握**	特に、不良品・簿外品・預け品・預り品などを把握、質問
3	**ブラインドチェック**	棚卸残高表などの数字を見ないで、対象物をカウントする
4	**差異分析**	棚卸表等を閲覧・調査し、帳簿との差異原因の分析結果を確かめる
5	**予備知識の習得**	対象物の数量計算方法や、品質の判定などを知る
6	**連番管理**	棚札（タグ）等の発行から回収まで「入出残」を的確に把握する
7	**P×Q**	数量Qをカウントするだけではなく、単価Pの評価も意識する
8	**メーター校正**	タンク原材料等はメーターの精度次第。校正結果を入手する
9	**カットオフ**	棚卸日または棚卸基準日の締切処理手続の適切性を検討する
10	**安全第一**	危険個所での作業も多いので細心の注意を払う

実地棚卸の実施方法

①一斉棚卸	通常期末時に行う。棚卸方法として最も一般的。四半期・中間に行う場合もある
②循環棚卸	週・月等の区分で、定期的に行う。他品種・少量、多量・少額の物品を扱うコンビニ等で活用される
③最少量時棚卸	1年で在庫量が最少になるときに行う。製鉄業など、野積み、バラ積みの多量の原材料などで活用される
④臨時棚卸	不正・誤謬（ごびゅう）の発見、デッドストック（流行遅れ品や不良品）の把握など、特殊調査として臨時に実施される

第3章 財務監査等の基礎知識

実 地 棚 卸 表

連番管理が基本！

実施年月日　20XX/3/31　　　　　　　　　No. 1

立会者名　佐藤
実施者名　村井

商品名	単価 (P)	個数 (Q)	金額 (P×Q)	価値評価 (○△▲×)	評価後金額	摘要
A	1,500	30	45,000	○	45,000	
B	20,000	1	20,000	○	20,000	
C	500	100	50,000	△	30,000	陳腐化
D	1,200	20	24,000	×	――	再販不可

確 認

簿外取引等が回答される場合もある

　勘定残高とその明細に関連する情報のほか、現在の契約条件、第三者と行った取引について、監査人が取引先等の第三者に対して問い合わせを行い、その回答を直接入手し評価する手法を確認と言います。

　監査委員監査では、監査委員事務局から金融機関に確認状を送付し、その金融機関から監査委員事務局に確認状を返してもらう確認等が主に行われます。

　金融機関への確認の場合、確認状には残高証明書と同一内容の回答、あるいは残高証明書そのものが貼付されてくることが多いですが、**まれに当事者しか知り得ないデリバティブ取引のような簿外取引等が回答されてくる場合もある**ので留意が必要です。

　直接証拠を得る確認は、重要な監査手続です。

　確認は、次のような項目を対象に実施されます。

確認の実施対象項目例

- 預金及び金融機関（証券会社を含む）との取引等に関するその他の情報
- 受取手形、売掛金
- 貸付金
- 倉庫業者、運送業者、外注加工業者等に保管されている棚卸資産
- 保護預け又は担保として他に保管されている有価証券
- 借入金
- 支払手形、買掛金
- 偶発債務
- リース取引に係る債権・債務

コラム　外部倉庫に保管されている棚卸資産の確認等

　外部倉庫に保管されている棚卸資産は、一般的に残高確認書の送付・回収で監査等の手続は十分と考えられます。ただし、金額的に重要性のある場合は要注意です。過去に外部保管倉庫の担当者と共謀し架空在庫が計上される不正会計事件が複数発覚しています。金額的に重要性のある棚卸資産は、外部倉庫に出向き＝往査し、棚卸資産の保管状況を確かめ、テストカウントすることにより資産の実在性を把握することも考慮しましょう。

突合
とつ ごう

📋 あるべき「入・出・残」から異常点を把握

突合とは、AとBを突き合わせ、正確な記録が行われているか等を確かめる監査技術です。たとえば、棚卸資産が横領されれば、実地棚卸の結果と在庫在高帳を突合することで不一致が判明します。あるべき「入・出・残」から、異常点を把握する必要があります。なお、突合は主に3種類あります。

- **証憑突合**＝帳簿と証憑の突合。たとえば、現金出納簿と領収書・請求書の突合し、資産、負債、取引や事象が正しく記録されていることを、その根拠となる資料等で確かめることを言います。
- **帳簿突合**＝帳簿と帳簿の突合。たとえば、現金出納簿と歳入歳出内訳簿の突合し、正しく転記されていることを確かめることを言います。
- **計算突合**＝計算チェック。たとえば、減価償却費の再計算するなど、計算の正確性を自ら計算し確かめることを言います。

あるべき「入・出・残」から考える

会社・組織

横領

役職員

- 現金（小口、レジ) ← 現金売上とジャーナル（レジの日計表）の突合
- 棚卸資産 ← 実地棚卸と在庫在高帳との突合
- 切手、印紙 ← 現物実査と管理簿との突合
- ポイント ← 購入額とポイント付与額の突合
- その他、換金可能な資産

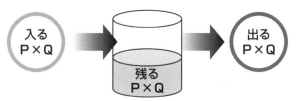

記帳はすべて「Price価格×Quantity数量」を念頭に
（例）売上＝販売単価×販売数量

分析的手続

推定値と財務情報で大局的に比較・検討する

分析的手続は、監査人が財務データ相互間又は財務データ以外のデータと財務データとの間に存在する関係を利用して推定値を算出し、**推定値と財務情報を比較する**ことによって**財務情報を検討する手法**です。

推定値には、金額のほか、比率、傾向等が含まれ、重要な差異の調査は不可欠です。

具体的には、次のような分析的手続が知られています。

- 月次や年度別・セグメント別等の趨勢分析（月次比較・推移分析等）
- プロファイリング分析（113ページコラム）
- ベンフォード分析（208ページ）
- 相関分析（216ページ）
- ヒートマップによる財務分析（226ページ）

地方公営企業における利益率の異常点

「売上を最大に、経費を最小にすれば、儲けが生まれる」。

これは、京セラ創業者の稲盛和夫氏の口癖です。一般企業であれば当たり前のこうした論理は、地方公共団体や公営企業に必ずしも当てはまるものではありませんが、その仕組みを知ることで異常点を把握できるようになります。

稲盛氏の口癖は「利益＝売上－経費」という算式で表せます。この利益を売上で割り算した「利益÷売上＝利益率」が０％から１％水準内の公営企業には、留意してほしいと思います。しかも、過去何年も継続して利益率が０％から１％水準の場合、かなり怪しいと思ってください。

というのも、利益率１％程度が公営企業にとって、最も居心地がよいからです。どんな業種もそうですが、赤字になれば文句を言われます。しかも公営企業の場合、黒字になっても「公営企業のくせに、儲けるなんて！」と文句を言われかねません。

利益率１％程度は、公営企業にとって居心地がよいのです。

でも、考えてみれば利益率１％程度が何年も継続するというのは一般的ではないわけで、だからこそ何年も継続して利益率１％水準の公営企業は疑ってみる必要があります。

112

いわゆる会計上の見積りと呼ばれる引当金や減価償却の計上不足等で利益を出し粉飾したり、その逆に利益を少なく見せる逆粉飾を行っているかもしれません。こうした手口は資金不足比率（＝資金不足額÷事業規模）のような健全化指標等への影響もあります。

鳥の目で、利益率１％水準の公営企業をExcelで抽出し、本書で説明している様々な異常点の視点を生かせば、不適正な会計処理等の実態に迫ることが可能です。

コラム　プロファイリング

プロファイリングとは、行動計量学の考えを犯罪捜査に活用する手法で、捜査を効率化する支援ツールです。このうち、データを時系列に並べたものを「時系列プロファイリング」と言います。日ごろ目にする機会の多い、月次推移表のようなものです。

一方、データを地理的に並べたものが「地理的プロファイリング」です。

これは、ピボットテーブルなどを使うことでできます。筆者の経験では、東北支店で計上された工事原価データの中に、沖縄で支出された、地理的に見て異常なデータが含まれていて、結果として工事原価の付け替えであることが判明した事例があります。

不正会計と対峙するには、動機・機会・正当化という「不正のトライアングル」を意識する必要があります。その際、時間的な流れを考慮し「時系列プロファイリング」で月次推移分析することも必要です。加えて、地理的な特性を加味し「地理的プロファイリング」を実施してみれば、不正会計の真相に迫れる可能性が高まります。

そのために、データから「魚の目」で流れをつかみ、異常点を把握する必要もあるので、ピボットテーブルやピボットグラフを活用することは有意義だと言えます。

質 問

「聴く」「質問する」ことが監査等の基本

　質問には、書面による質問と口頭による質問があり、監査の全過程で使用されます。

　ただし、質問に対する回答のみでは十分かつ適切な監査等の証拠となり得ないことも多く、質問以外の監査手続の実施により補完する必要があります。

　そもそも、「監査」を英語で「Audit」と言い、その語源は「Audio」にあります。「聴く」「質問する」ことが監査等の基本です。**適切な質問がなされない場合、必要な情報を入手できず監査等に大きな障害を生じかねません。**質問は、実体解明のため、予め質問の適用場面を想定するなど、論理的に活用することが求められる非常に奥の深い技術で、質問者のレベル次第で結果が左右される難しい手続です。

　ここでは、効果的かつ要点を押さえた「情報収集のための質問技術」を解説します。

　質問は、ある目的をもって行われる面接者と被面接者のやりとりですから、普段家族や友だちと話すような自由なやりとりではないという点で、通常の会話と異なります。インタビュー・マニュアルに従って必要な答えを入手できるという簡単なものでもありません。**面接者と被面接者との信頼関係を基礎とする、極めて人間的なコミュニケーション・プロセス**といえます。

　特に不正調査における情報収集のための質問は、挑戦的・威圧的であってはいけません。被面接者の好感協力なくして実効ある情報収集はなし得ないからです。ただし、被面接者に対して圧力を感じさせることが効果的な場合もあります。

　被面接者の嘘や、見え透いた言い逃れ、不誠実な態度などで、面接者が感情を抑えられないこともあると思います。その場合、一旦質問を終え、改めて質問するなど工夫も必要です。感情に流されて質問を続ければ、被面接者の反感を買うだけです。そうした質問及びそこから得られる回答は意味のないもの以上に、害すらありうる可能性があります。

　質問者＝面接者は、常に冷静に、真偽を見極め、矛盾点に留意を払う必要があります。

不正調査を想定した、質問を上手に行うための12のポイント

1. 反感感情を防止する	被面接者が知っている事実を、できる限り正確な情報として入手することを心がける
2. 被面接者は普通の人であることを念頭に質問する	望ましい結果を得るために、必要であれば質問を繰り返すことも大事。「それは、○○と比べて、大きかったですか、小さかったですか？」と、回答の正確さを確認するため「二者択一問」などで、金額や数量の推測などにより被面接者に比較させ、実態をよりリアルに把握するなどの工夫も必要
3. 質問手順に配慮する	一般的な質問から、具体的な質問へ 確認済の情報から、未確認の情報へ
4. 誘導性、暗示性の高い質問技法は使用しない	５Ｗ１Ｈの「疑問試問」が中心
5. 直接の関与者に質問する	不正に直接絡んだ関与者から質問すべき
6. 弱いものから質問する	まず、外堀から埋める
7. 複数の人に同じような質問を行う	○大筋一致 ×詳細一致（口裏合わせの可能性大）
8. 質問はまとめて行う	都合の良い回答を防ぐには、質問はまとめて行う
9. 回答内容を調査する	質問により得られた回答を、証憑突合、実査、確認等により不正会計の内容と一致するか検証する
10. 黙秘の場合、回答を促すだけでよい	世間話に応じ、核心に触れると黙秘という場合、関与者の可能性大
11. 被面接者が黒である場合、上手に詳細を聞き出す	犯罪用語（粉飾、横領、窃盗、詐欺、搾取、背任、偽造、改ざん、共謀等）を日常用語に（誤解、誤り、借り・貸し、直す・修正・訂正、話し合い等）に置き換える
12. 目を見て質問する	目は心の窓

情報収集のための主な質問形式

主な質問形式を押さえよう

①**開かれた質問**（Open Questions。応答内容を被面接者に委ねる質問形式）

- **主に導入のための質問**（「どのような要用でいらっしゃいましたか」等）
- **具体例を引き出す質問**（「具体的にお話いただけますか」等）
- **経過を聞く質問**（「それでどうなりましたか」等）
- **感情を聞く質問**（「どのように感じましたか」等）

　後述する「②閉ざされた質問」のようなイエス・ノーで答えることが困難な質問で、被面接者は開かれた質問に答えるため相当程度考える時間を必要とする場合もありますので、ちょっとした工夫も必要です。

　①「開かれた質問」では「疑問詞問」という技法を合わせて使いましょう。疑問詞問とは、５Ｗ１Ｈ、誰が（関与者）、いつ（実行期間）、どこで（関与先）、なにを（目的）、どのように（手口）、いくら（影響）、というように、疑問詞をともなう質問をするものです。暗示性がなく、被面接者が自由に回答できる点で優れた質問技術です。

　このような疑問詞問も上手に活用し、開かれた質問をすることで得られる被面接者からの回答には、さまざまな情報が含まれている可能性が高く、その後の会話の深まりが期待できます。

　したがって、情報収集のための質問においては、面接者は原則として「疑問詞問」を活用した「開かれた質問」を実施するように努めるべきといえます。

②**閉ざされた質問**（Closed Questions。相手が「はい」「いいえ」あるいは一言で答えられるような質問形式）

- **選言問**（「その色は赤ですか、それとも他の色ですか」等）
- **二者択一問**（「その色は赤ですか、黒ですか」等）
- **前提問**（「その靴の色は赤でしたか」等）
- **認否問**（「その色は赤でしたか」等）
- **肯定問**（「その色は赤ですね」等）
- **否定問**（「その色は黒ではないでしょうね」等）

　「閉ざされた質問」は、正確な回答が求められる質問であり、通常は、金額、量、日付、時間といった特定的な事項を扱います。

　被面接者は、閉ざされた質問に対してイエス・ノー、あるいは一言で答える

ことが可能なため、①開かれた質問で危惧されるような、被面接者が質問に答えるために考えこむ必要もほとんどなく、被面接者が答えるのに苦労しないとともに、面接者にとっても得たい情報だけを得ることができるというメリットがあります。

しかし、閉ざされた質問は、暗示性が強く、面接者側の考えを押し付け、被面接者の反感を買うこともあるので、限定的に用いるべきといえます。特に、不正会計の場合は他の犯罪と違い、知能犯であるため、閉ざされた質問を続けていくうちに、被面接者に手の内を見透かされてしまうこともあります。暗示の程度に気をつけるなど、留意も必要です。

③**誘導質問**（Leading Questions、質問の一部に答えが含まれている質問形式）すでに知られている事実を確認するために用いる質問です。

②「閉ざされた質問」同様、暗示性が強く手の内を見せることにもなりますので、用法に留意する必要がありますが、状況によっては効果的に用いることもできます。

④**避けるべき質問形式**「複雑な質問」（Complex Questions）は、2つ以上の主題が含まれ、複雑すぎてわかりにくいうえに、複雑な回答を必要とする質問形式で、不正調査等では避けるべきです。

同じような理由から避けるべきとされる質問技法に「総括問」というものがあります。総括問とは「この不正会計について、あなたが知っていることを述べてください」という質問技法で、被面接者からすれば「何を話せばよいのか？」となってしまう可能性があります。被面接者は、普通の人だということを念頭に質問をすることが重要です。

したがって、1度に1つの質問を行い、回答が1つだけの質問が原則となります。複雑な質問や、的を射ない質問などを行うことは避けるべきです。

コラム　目は心の窓

　「目は心の鏡」とも言いますが、話している相手の目の動きを見ればその人が何を考えているか推測できる場合がある、心理学ではこのように解釈することがあります。
　こちらから質問して、相手が左斜め上を見る場合、その人は過去の記憶の中から該当するデータを探し出そうとしていると考えられています。例えば、「先週の日曜日、タイガースは何点で勝ったかな？」と質問した場合、熱狂的なタイガースファンであれば試合結果を思い出そうとするでしょうから、左斜め上を見る、ということになります。
　一方、相手が右斜め上を見る場合、その人は想像し、考えているとされます。つまり、うそをつく場合、相手は右斜め上を見るというのです。参考にしてみてください。

観察と閲覧

観察の意義

観察は、他の者が実施するプロセスや手続を確かめることを言います。

たとえば、パソコンを使い各自の決められたIDとパスワードを入力してログインできることを確かめる、というように観察を用います。このように、観察は運用評価手続や実証手続として実施されるとともに、リスク評価手続として実施されます。

観察では、プロセス又は手続の実施についての監査証拠を入手できますが、**観察を行った時点のみに関する監査証拠であることや観察されているという事実により影響を受けること**に留意しなくてはなりません。

ITへの対応

地方公共団体では定型的業務でIT化が進み、業務効率化やリスク対応手段としてITは行政運営に寄与しています。一方、情報漏えいや不正アクセス、改ざんやブラックボックス化など、新たな問題も指摘されています。

そこで、上述のIDとパスワードの入力によるログイン状況の観察などを通じ、地方公共団体の情報システムに関する内部統制が整備・運用されているか、次のような視点によるITへの対応の検証も必要になるわけです。

有効性及び効率性	情報は業務に対して効果的、効率的に提供されているか
準拠性	情報は、関連する法令等に合致して処理されているか
完全性（網羅性）	情報は、洩れなく、重複なく記録されているか
可用性	情報は、必要とされるときに利用可能か
機密性	情報は、正当な権限者以外に利用されないよう保護されているか
信頼性（正確性）	情報は、正確に記録され提供されているか
継続維持性	情報は、更新され継続使用が可能か
正当性	情報は、正規の承認手続を経たものか

情報システムの内部統制評価には大別して2つあります。地方公共団体の情報システムに対する行動指針となるセキュリティポリシーの策定や見直しのような「全般統制」と、上述のログイン状況の観察のような「業務処理統制」を通じ、情報システムの内部統制を評価することになります。

閲覧の意義

記録や文書の内容を確かめることを閲覧と言います。

たとえば、株券や債券などの持分や権利等を示す文書は、資産の実在性を直接示す監査証拠ですが、そのような文書の閲覧からは、必ずしも、所有権又は評価に関する監査証拠を入手できません。さらに、契約書を閲覧し契約条件等を検討する必要もあります。

記録や文書の内容や情報源、それらの作成に係る内部統制の有効性によって、閲覧により入手できる監査等の証拠の証明力は異なる点に留意が必要です。

コラム　検算と概算の習慣づけ

計数を上手に扱うには、検算と概算ができる必要もあります。

四則演算の反対で検算する習慣
- 加算（足し算）　⇔　減算（引き算）
- 乗算（掛け算）　⇔　除算（割り算）

概算できる習慣
- 位取りするクセ　　×1000　→　◎1,000
- 見当をつけるクセ　１千の１千倍は、１百万

一般的に行われるその他の監査等の手続

監査等の手続を駆使する

『地方公共団体における内部統制の整備・運用に関する検討会　参考資料集』では、計算突合、証拠突合、帳簿突合、実査、確認、質問という監査等の手続が示されています（コラム「監査委員と監査事務局担当者の監査」97ージ）。『都市監査基準』では、立会、分析的手続、観察、閲覧という監査等の手続も紹介されています。この他、次のような監査等の手続もありますので、目的に応じて選択・適用するように心がけてください。

調　整	当座預金の帳簿残高と銀行から入手した預金残高証明書、本社の支店残高勘定と支店の本社勘定残高のような、相互に関連のある数値の差異を対象に事実上の合致を確かめる手法。 当座預金残高調整表のイメージは次ページ図のとおりです。
視　察	建設現場に赴き工事の進行具合等を確かめる、倉庫に出向き保管状況を把握するときなどに用いられる手法。
通　査	伝票等の取引記録を通覧し、異常点を探る手法。異常に多額、異常に少額、重要な修正、収益勘定への借方記入、費用勘定への貸方記入、などが異常点の代表的な事例です。ＣＡＡＴによるいわゆる仕訳テストは、電子版の仕訳通査と考えられます。
比　較	複数の数値を比べ、異常な増減、不規則な項目、類似事項などを探る手法。代表的な比較に前年度比較、推移比較などがあります。
再実施	ある組織が内部統制の一環として実施している手続を監査人自らが実施することにより確かめる手法。再実施は、手作業又はＣＡＡＴにより実施されます。
再計算	記録や文書の計算の正確性を監査人自らが計算し確かめる手法。たとえば、組織から電子ファイルを入手し、その集計の正確性についてＣＡＡＴによって照合する等、ＩＴを利用すること等により実施します。

当座預金残高調整表（様式例）

差額発生要因を調査したところ以下の事実が判明した。

①得意先であるＡ商事からの売掛金9,500円が振込みにて回収されていたが、未通知であったため記帳していなかった。

②仕入先であるＢ産業へ小切手で5,600円支払ったつもりでいたが、小切手を振り出しただけで相手に渡していないことが判明した。

③夜間金庫に預け入れた現金16,000円が、銀行では翌日入金された。

④自動引落の会費1,000円が未記帳であった。

⑤文房具を購入した際、5,400円とすべきところ、4,500円と記帳ミスしていた。

⑥仕入先であるＣカンパニーに渡していた小切手11,000円が先方都合によりまだ引き落とされていなかった。

- 当社の3月31日現在の当座預金元帳残高は36,800円
- 銀行から入手した3月31日現在の残高証明書の当座預金残高は45,000円

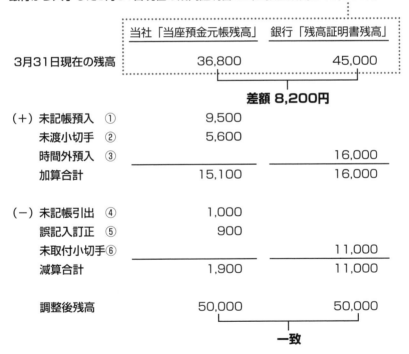

	当社「当座預金元帳残高」	銀行「残高証明書残高」
3月31日現在の残高	36,800	45,000

差額 8,200円

（＋）	未記帳預入	①	9,500	
	未渡小切手	②	5,600	
	時間外預入	③		16,000
	加算合計		15,100	16,000
（－）	未記帳引出	④	1,000	
	誤記入訂正	⑤	900	
	未取付小切手	⑥		11,000
	減算合計		1,900	11,000
	調整後残高		50,000	50,000

一致

⑤のように、5,400円を4,500円と「5」「4」を逆にしてしまうことがあります。差額が**9の倍数**のときはこうした入力ミスを疑ってみましょう。

内部統制の意義

内部統制の有効性を前提とする監査実務

　総務省の第3次地方制度調査会『人口減少社会に的確に対応する地方行政体制及びガバナンスのあり方に関する答申』（平成28年3月16日。以下、「答申」と呼ぶ）の中に、内部統制についての考え方が示されています。

> 地方公共団体における事務が適切に実施され、住民の福祉の増進を図ることを基本とする組織目的が達成されるよう、事務を執行する主体である長自らが、行政サービスの提供等の事務上のリスクを評価及びコントロールし、事務の適正な執行を確保する体制を「内部統制体制」という。

　この答申では、内部統制の意義を次のように説明しています。

> 内部統制を制度化し、その取組を進めることにより、
> ①マネジメントの強化
> ②事務の適正性の確保促進
> ③監査委員の監査の重点化、質の強化、実効性の確保促進
> ④議会や住民による監視のために必要な判断材料の提供
> 等の意義が考えられる。

　また、この答申は、内部統制のあり方を次のように説明しています。

> ①内部統制体制の整備及び運用の責任の所在
> ・内部統制体制を整備及び運用する権限と責任は長にある
> ②評価及びコントロールの対象とすべきリスク
> ・財務に関する事務の執行におけるリスクは、最低限評価する
> ・これ以外のリスクも地方公共団体の判断により内部統制の対象とする
> ③内部統制体制の整備及び運用のあり方
> ・長が内部統制体制の整備・運用の基本方針を作成し、公表することが必要
>
> 【留意点】
> ④内部統制の制度化には一定の限界
> ・過度な内部統制体制の整備につながらないようにすべき
> ⑤内部統制体制の整備・運用のあり方は規模等によって多様
> ・多様性を踏まえて、具体的な手続等を制度化すべき

　一方、『内部統制による地方公共団体の組織マネジメント改革〜信頼される地方公共団体を目指して〜』（平成21年3月、地方公共団体における内部統制のあり方に関する研究会）は、企業会計における内部統制の実務上の指針であ

122

る『財務報告に係る内部統制の評価及び監査の基準並びに財務報告に係る内部統制の評価及び監査に関する実施基準の改訂について（意見書）』を引き合いに、内部統制の定義を次のように説明しています。

> 内部統制とは、基本的に、業務の有効性及び効率性、財務報告の信頼性、事業活動に関わる法令等の遵守並びに資産の保全の４つの目的が達成されているとの合理的な保証を得るために、業務に組み込まれ、組織内の全ての者によって遂行されるプロセスをいい、統制環境、リスクの評価と対応、統制活動、情報と伝達、モニタリング（監視活動）及びＩＴ（情報技術）への対応の６つの基本的要素から構成される。

４つの目的

内部統制の４つの目的	地方公共団体における着眼点
業務の有効性及び効率性 →事業活動の目的の達成のため、業務の有効性及び効率性を高めること	住民の福祉の増進という観点を第一に考えた場合、業務の有効性及び効率性が重要。これまでの行政評価システムを見直すべき点等がないか、特にリスクの統制という内部統制の特徴を踏まえ、改めて点検する必要がある。
財務報告の信頼性 →財務諸表及び財務諸表に重要な影響を及ぼす可能性のある情報の信頼性を確保すること	地方公共団体の財政状況については、常に正確に報告・公表されることが求められる。また、今後の地方財政については、地方公社や第３セクターを含めた連結ベースでの財政状況を明らかにするとともに、単なる予算統制のための決算書という考え方に加え、財政状況の全体像の把握によって、財政運営の質の向上を目指す決算統制という考え方が重要となる。
事業活動に関わる法令等の遵守 →事業活動に関わる法令その他の規範の遵守を促進すること	一般に法令等の遵守を厳格に実現しようとすると、チェックなどの手間が増え内部管理業務が増大することに留意。業務の効率性とリスクの重点の置き方、双方のバランスを図ることが重要。たとえば、不祥事件等が大きな問題となれば、仮に内部管理業務が増大しても、住民の信頼確保のため、法令等の遵守の目的を重視すべきである。
資産の保全 →資産の取得、使用及び処分が正当な手続及び承認の下に行われるよう、資産の保全を図ること	資産・債務の把握等を通じ、現状や問題の所在を明らかにし、組織として問題点や危機意識を共有することが重要。厳しい財政状況下、従来型の「歳出削減」というフロー面の取組だけでなく、資産を再点検し、売却や遊休資産の有効活用というストック面での検討を行い、債務の圧縮等を実施することが必要。資産は、保有コストがかかる点にも留意し、取得・運用・売却、全ての行為について適切なプロセス管理等を行うことが重要。

＊内部統制の４つの目的はそれぞれに独立するも、相互に関連するとされています。

123

６つの基本的要素

内部統制の６つの基本的要素	地方公共団体における着眼点
統制環境 →組織に属する全ての者が、各々の権限と責任において、内部統制の整備・運用を行うための基礎となるもの	次の３つが、特に必要 **①首長の使命感** 住民の信頼確保、行政運営の透明性向上、地域経営革新の実現等を目指して、組織マネジメント改革に使命感を持って取り組む必要がある。そのためには、内部統制の正しい理解と全庁的意識改革が必要。 **②基本方針の策定** 全庁的な決定事項とし、全庁的に周知・徹底、モニタリング実施、基本方針の柔軟な見直しが重要。個々の職員が遵守しなければ意味がないことに留意。 **③組織体制の整備** 正式には基本方針の決定等は首長が行う。実務上は、首長、副知事や副市町村長、部局（団体規模によっては、各課室）長をメンバーとする「経営戦略会議」のような、全庁的視点で議論し、基本方針の決定等に取り組む任意の組織が必要。また、内部統制の整備・運用の取組を支援する部署「内部統制総括部署」を明確にする必要もある。
リスクの評価と対応 →組織を取り巻くリスクを洗い出し、リスクの分析・評価・特定を行うこと	「信頼される行政の実現」という観点から、事務処理ミス、個人情報の漏えい、職員による不祥事件、住民に対する情報提供の不備等、団体の信用を失墜させかねないリスクや、住民サービスの提供に関わるリスクの洗い出しが重要。過去の不祥事件や置かれた状況等を踏まえ、首長が自主的にリスクの分析・評価を行うことが重要。
統制活動 →あらかじめ整備された体制やルールを実際の業務において適正に機能させるための方針及び手続	すでに地方公共団体では法令等や業務マニュアルなど多くのルールに基づき、組織と権限の明確化、決裁ルールの確立などの考え方が存在し、新たな取組を行うものではなく、個別の統制を再編・整理していく取組として考えるべき。主務担当者以外は理解やチェックができない「個人完結型」の業務プロセス、あいまいな業務分担、担当１人が取り仕切る業務状況、決裁責任者が不明確、こうしたケースが事務処理ミスや不正を招く。まずフローチャート等で業務の可視化を行い、リスクを洗い出すことが重要。この際、「人」を意識する。責任所在の明確化、同一業務への長期従事者のリストアップなどは、リスク洗い出しに役立つ。定型的業務にはＩＴ統制が有効。

内部統制の6つの基本的要素	地方公共団体における着眼点
情報と伝達 →内部統制に関わる適切な情報の特定・管理を実施するとともに組織内に必要な情報が円滑に伝達される環境を作ること	係数・非係数データという経営管理上の情報を意思決定に有効活用する必要がある。伝達されるべき情報そのものの正確な作成・提供が重要。首長の意思や指示が全庁的に伝達され、各部局からの情報が迅速に首長や管理職に伝達され、組織運営に関する情報の外部への公表や外部からの情報提供ルート確保も必要。公益通報制度は有効策の1つである。
モニタリング →以上のプロセスについて、日常的又は独立的な立場から監視し、必要に応じた見直しを行うこと	**（日常的モニタリング）** これまで、不祥事件の発生に対し組織内でルールを強化するのみ、そのルールが実際に機能しているかどうかに関心が払われない場合が多く、錯綜するルール体系の整理・合理化が必要。ルール所管担当課で定期的に合理的な評価を行い、業務負担軽減や実効性あるルール整理につなげるべき。 **（独立的評価）** 日常的モニタリングで発見できないような組織運営上の問題がないか、業務から独立した部署又は立場にある者が、定期的又は随時に実施。まず、会計管理者が会計事務に関するモニタリング、それ以外の事務は監察担当課や行革担当課など独立部署がモニタリング。また、監査委員による行政監査を通じ外部監査に近い第三者的な立場による評価を行うことが求められる。自団体の内部統制に関する情報を積極的に報告・公開することも、効果的。
ITへの対応 →すでに取り入れている利用環境を把握した上で、適切な方針や手続を定めることにより、業務の効率化やリスクの対応につなげること	ITの利便性、脆弱性、リスクを正しく評価することが重要。 適切なITの利活用を図るために、総務省から『地方公共団体におけるITガバナンスの強化ガイド』が示されている。首長等がCIO（最高情報責任者）を兼務している団体では、CIOが形骸化していないか再点検が必要。職員に対し情報の適切な管理を徹底する等、個人情報の保護に十分留意する。外部からのアクセス増加に伴い、情報システム管理を検証する情報セキュリティ監査に関する取組も有益。

内部統制の仕組み

2つの統制・コントロール機能

　そもそも内部統制には、不正を防止する**予防統制**と不正を発見する**発見統制**の2つの統制・コントロール機能があります。そして、予防統制と発見統制を行うため、「内部監査」と「内部牽制」が必要になります。

　では、なぜ内部統制が必要なのでしょう。これは、現行の監査の仕組みであるリスク・アプローチと大きく関わってきます。

　リスク・アプローチでは、リスクの重要度等に応じて実施する監査資源（監査の人員や時間等）の配分を調整します（次項128ページで解説）。

　その際、認識した各リスクに対応する内部統制の整備状況及びその運用状況が有効であれば、最終的なリスクの重要度の評価は低くすることができます。反対に、内部統制が有効でなければリスクは高まるわけです。

　こうしたリスクと内部統制の有効性の関係性に留意して、監査等のプロセスが全体として効果的かつ効率的なものとなるよう調整し、監査等を行う必要があります。

内部統制の仕組み

内部統制＝予防統制＋発見統制

内部統制＝内部監査＋内部牽制

内部統制の目的

業務の有効性及び効率性／財務報告の信頼性／事業活動に関わる法令等の遵守／資産の保全

内部統制の基本的要素：ITへの対応／モニタリング／情報と伝達／統制活動／リスクの評価と対応／統制環境

事業単位と活動：事業単位A・B／活動1・2

『内部統制による地方公共団体の組織マネジメント改革～信頼される地方公共団体を目指して～』（地方公共団体における内部統制のあり方に関する研究会）に一部加筆

内部統制の有効性について評価を行うかどうかは、監査等のテーマ、対象とするリスクの重要度とその関連する事務の内容によって判断します。

　このように、内部統制の有効性を前提として現行の監査実務が存在することから、内部統制が重視されるわけです。

　元々、地方公共団体に内部統制はあります。ただし、不明瞭であいまいな部分も多いので、これを明確に定義し検証しよう、これが今般の内部統制に関する制度趣旨と解釈できます。

内部統制の概要

地方公共団体に求められる 内部統制体制の骨格	＜参考＞民間における取組み （新日鉄住金）
○長が基本方針を策定 ・長は通常想定されるような不適正な事案を防止するため、職員に対して指揮・監督する責任を負っている。 ・全職員に対する指揮・監督を明確にするため「基本方針」を策定。 ・「基本方針」には、 ○個々の部署の取組みに関する基本方策（PDCA）と、 ○全庁的な取組みを推進するための体制 　　　　　　　　を記載する。	・「内部統制システムの基本方針」を取締役会で決議し、「内部統制基本規定」を制定して内部統制・リスク管理に関する体制を整える。
○個々の部署の取組みに関する基本方策（PDCA） ・個々の部署が、継続的に実施すべき事項を定める。 　具体的には、①各部署でのリスク洗い出し⇒　②マニュアル等の対応策の整備　⇒　③日常の業務を通じたチェック　⇒　①´リスクの再評価 ・業務の見える化、標準化に基づく自主点検など自律的な取組みを推進。 ・大小ある個々の部署に併せて実態にあった柔軟な取組みを採用。	・社内各部門に「リスクマネジメント担当者」、各グループ会社に「リスクマネジメント責任者」を置き、各部門・各グループ会社の自主的な活動を促し、定期的な会議等を通じて内部統制・リスク管理に関する情報を共有化。 ・部署の規模に併せた取組みを柔軟に採用。
○全庁的な取組みを推進するための体制 ・内部統制担当部署の設置、内部統制担当を指名（副知事・副市町村長等）。 ・全部署で上記PDCAの取組みを徹底するための支援や監督を行う。 （例：リスクを評価するための手順書の策定、リスク評価の実施確認） ・全部署に共通するリスク情報を共有する。	・副社長を委員長とする「リスクマネジメント委員会」にて年度計画の進捗状況、内部統制・リスクに関する事項等を定期報告。 ・内部統制・リスク管理に関する点検、監督の仕組みを整え、グループ全体にわたって内部統制の状況を定期的に確認。

『地方自治法の改正検討項目』（総務省自治行政局行政課、平成28年10月）

リスク・アプローチの意義

監査資源は効果的かつ効率的に配分する

　リスク・アプローチは、監査の人員や時間等という「監査資源」が有限な中、**一定水準の監査等の品質を確保しつつ効果的かつ効率的に監査等を実施する**ための手法を言います。

　地方公共団体における事務一般を含む行財政運営上の様々なリスク（次項130ページで解説）をあらかじめ認識し、その重要度等を考慮して、その結果に応じて監査資源を効果的かつ効率的となるよう配分する必要があるわけです。

3つの監査リスク

　そもそもリスク・アプローチとは、「重要な虚偽表示のリスク（RMM、Risk of Material Misstatement）」と「発見リスク」を評価し、「監査リスク」を合理的に低い水準に抑え、監査を効率的かつ効果的に実施する、という考えに基づく監査のアプローチを言います。

　監査リスクには、固有リスク、統制リスク、発見リスクの3つがあります。

ＡＲ（Audit Risk監査リスク：監査人が重要な虚偽表示を見逃して、監査人が誤った結論を下す可能性）

＝ＩＲ（Inherent Risk 固有リスク）×ＣＲ（Control Risk統制リスク）×

ＤＲ（Detection Risk 発見リスク）

　このうち「固有リスク」とは、内部統制が存在しないと仮定した場合に、決算書に重要な虚偽の表示がなされる可能性をいいます。

固有リスクの具体例
①**人材に係わるリスク**
　→会計事務に精通していない職員の存在
②**現金の取扱いに係わるリスク**
　→口座振込でなく、職員が直接的に現金出納を行う業務（住民からの地方税の集金等）
③**関連法規への準拠性に係わるリスク**
　→新しい関連法規に対する理解の不十分

　「統制リスク」とは、決算書の重要な虚偽表示が地方公共団体の内部統制によって、未然に防ぐことができない可能性をいいます。

統制リスクの具体例

国庫補助金の使用に関連して「交付金は使い切らなければならない」、あるいは「返還すると翌年度の予算が減額される」といった誤った認識や職場風土が存在する場合、不適正な経理処理が行われる可能性がある。

固有リスクや統制リスクが高まれば、重要な虚偽表示のリスクが高まります。

R M M（Risk of Material Misstatement　重要な虚偽表示のリスク）＝ Ｉ Ｒ × Ｃ Ｒ

重要な虚偽表示が顕在化しないよう、あらかじめリスクを発見する必要があります。固有リスクや統制リスクが高いのであれば、発見リスクを低くしなければ重要な虚偽表示のリスクが顕在化する可能性が高まってしまいます。そこで、発見統制が重要になってくるのです。

固有リスク、統制リスク、発見リスクの相互関係

ＩＲ固有リスクの程度 ＼ ＣＲ統制リスクの程度	高い	中程度	低い
高い	最低にする	低めにする	中程度にする
中程度	低めにする	中程度にする	高めでもよい
低い	中程度にする	高めでもよい	最高でもよい

（太線内が受容可能な発見リスクの水準）

コラム　内部統制の４つの限界

　『内部統制による地方公共団体の組織マネジメント改革～信頼される地方公共団体を目指して～』（平成21年３月、地方公共団体における内部統制のあり方に関する研究会）には、内部統制に４つの限界があることが示されています。

①内部統制は、判断の誤り、不注意、複数の担当者による共謀によって有効に機能しなくなる場合がある。

②内部統制は、当初想定していなかった組織内外の環境の変化や非定型的な取引等には、必ずしも対応しない場合がある。

③内部統制の整備及び運用に際しては、費用と便益との比較衡量が求められる。

④経営者が不当な目的の為に内部統制を無視ないし無効ならしめることがある。

地方公共団体を取り巻くリスク

様々なリスクを知ることが内部統制の第一歩

　一般にリスクというと、地震や台風などの風水害等を思い浮かべるかもしれませんが、「リスク」には様々な定義が存在します。

地方公共団体を取り巻くリスク図（イメージ）

影響度	低	中	高
大（当該団体のサービス提供に著しい支障が生じる又は当該団体の信用に著しい影響が生じる）	(4)情報の隠ぺい、(7)郵送時の相手先誤り、(13)システムダウン、(14)コンピュータウィルス感染、(16)ホームページへの不正書込み、(19)職員等の不祥事（勤務外）、(28)なりすまし、(29)個人情報の漏えい・紛失、(30)機密情報の漏えい・紛失、(31)不正アクセス、(34)勤務時間の過大報告、(35)カラ出張、(37)収賄、(38)横領、(39)契約金額と相違する支払、(40)不適切な価格での契約、(42)架空受入、(45)財務データ改ざん、(67)地震・風水害・地盤沈下・停電、(69)火災、(70)NBC災害、(71)放火、(77)感染症、(82)医療事故、(81)院内感染、(85)水質事故、(86)児童・生徒に対する危害、(88)児童虐待、(90)財政破たん、(91)指定金融機関の破たん、(92)家畜伝染病の発生、(93)首長の不在、(100)広域的救急医療事案の発生、(101)テロ発生	(23)セクハラ・パワハラ (59)耐震基準不足 (68)渇水 (84)公共施設内のアスベスト被害 (98)マスコミ対応 (99)増大する救急出動	
中（当該団体のサービス提供に支障が生じる又は当該団体の信用に影響が生じる）	(21)不正請求 (24)書類の偽造 (25)書類の隠ぺい (32)ソフトの不正使用・コピー (33)違法建築物の放置 (55)不十分な資産管理 (79)不審物による被害	(1)不十分な引継、(2)説明責任の欠如、(10)職員間トラブル、(11)委託業者トラブル、(12)硬直的な人事管理、(17)予算消化のための経費支出、(18)不適切な契約内容による業務委託、(20)職員等の不祥事（勤務中）、(22)不当要求、(26)証明書の発行時における人違い、(27)証明書の発行種類の誤り、(36)不必要な出張の実施、(44)検収漏れ、(56)固定資産の非有効活用、(60)現金の紛失、(73)公営住宅の老朽化等に伴う事故、(74)医療施設における事故、(75)公共施設における事故、(76)主催イベント時の事故、(83)産業廃棄物の不法投棄、(87)施設開放時の事故、(89)教育施設への不審者の侵入	(15)ブラックボックス化
小（当該団体の業務運営に支障が生じる又は当該団体の信用に影響が生じる場合がある）	(8)意思決定プロセスの無視 (54)科目の不正変更 (95)庁舎内来訪者の被害 (96)訪問先でのトラブル (97)職員と住民間トラブル	(3)進捗管理の未実施、(5)業務上の出力ミス、(6)郵送時の手続ミス、(9)事前調査の未実施、(41)過大徴収、(43)過少徴収、(46)支払誤り、(47)過大入力、(48)過少入力、(49)システムによる計算の誤り、(50)データの二重入力、(51)二重の納品処理、(52)受入内容のミス、(53)システムへの科目入力ミス、(57)無形固定資産の不適切な管理、(58)不適切な不用決定、(61)二重記録、(62)二重発注、(63)発注価額の誤り、(64)固定資産の処分金額の誤り、(65)固定資産の処分処理の漏れ、(66)固定資産の登録処理の漏れ、(72)公共施設建設現場における事故、(94)管理職又は担当者の不在	(78)食中毒 (82)公害発生
頻度	低	中	高

企業会計における内部統制報告制度の実務上の指針『財務報告に係る内部統制の評価及び監査の基準並びに財務報告に係る内部統制の評価及び監査に関する実施基準の改訂について（意見書）』（金融庁、企業会計審議会、平成23年3月30日）によれば、リスクとは**組織目標の達成を阻害する要因**とされます。この定義は、都市監査基準等でも取り上げられています。

具体的に、地方公共団体を取り巻くリスクを見てみましょう。『内部統制による地方公共団体の組織マネジメント改革〜信頼される地方公共団体を目指して〜』（平成21年3月、地方公共団体における内部統制のあり方に関する研究会）によれば、下表のようなリスクがあるとされています（前ページ図も参照）。

地方公共団体を取り巻くリスク一覧（イメージ）

No.	大項目	中項目	小項目	具体例
1	業務の有効性及び効率性	プロセス	不十分な引継	人事異動や担当者の不在時の事務引継が十分に行われないことにより業務が停滞する。
2			説明責任の欠如	担当事務が法令等に基づき適切に執行されていることを、相手方に納得できるように説明できない。
3			進捗管理の未実施	業務の実行過程において、業務の進捗状況を管理していない。
4			情報の隠ぺい	首長の判断を仰ぐべき問題に関して、担当者が情報を上司に隠したために、問題が拡大する。
5			業務上の出力ミス	申請内容と異なる証明書をシステムに出力指示する。
6			郵送時の手続ミス	公印を押さずに書類を郵送する。
7			郵送時の相手先誤り	職員の不手際により、郵便物を大量に誤送する。
8			意思決定プロセスの無視	新規業務を始める際に、業務の開始に関する意思決定プロセスを無視する。
9			事前調査の未実施	新規業務を始める際に、市場調査等の事前調査を実施しない。
10			職員間トラブル	職員間において、担当業務を押し付けあう。
11			委託業者トラブル	業者に委託した内容が、適切に履行されない。
12		人事管理	硬直的な人事管理	長期間にわたる人員配置が行われる。適材適所に人員を配置できない。人事管理が一元化・集約化されていない。
13		IT管理	システムダウン	コンピュータシステムがダウンする。
14			コンピュータウィルス感染	コンピュータシステムがウィルスに感染する。
15			ブラックボックス化	エラー内容が専門的であり詳細な内容を把握できない。メンテナンス経費の積算が妥当であるか判断できない。
16			ホームページへの不正書込み	ホームページに不正な書き込みをされる。

No.	大項目	中項目	小項目	具体例
17		予算執行	予算消化のための経費支出	予算に剰余が生じた場合でも、経費を使い切る。
18			不適切な契約内容による業務委託	不適切な契約・入札条件を設定して業務を委託する。
19		事件	職員等の不祥事（勤務外）	職員等が飲酒運転で検挙される。
20			職員等の不祥事（勤務中）	職員等が業務中交通事故を引き起こす。
21			不正請求	介護ワーカーの不正請求を見過ごす。
22			不当要求	不当な圧力に屈し、要求に応じる。
23			セクハラ・パワハラ	職員間において性的嫌がらせ（セクハラ）やパワハラが発生する。
24		書類・情報の管理	書類の偽造	職員が申請書類を偽造し、減免処理を意図的に改ざんする。
25			書類の隠ぺい	意図的に課税資料を隠ぺいする。
26			証明書の発行時における人違い	申請書を誤って証明書を発行する。
27			証明書の発行種類の誤り	申請内容と異なる証明書を発行する。
28			なりすまし	申請資格のない者に申請資格を与えてしまう。
29	法令等の遵守		個人情報の漏えい・紛失	職員が住民の個人情報等の非公開情報を取得し、外部に漏えいする。
30			機密情報の漏えい・紛失	職員が業者と結託して、入札の際に特定の業者に有利に働くような情報を漏えいする。
31			不正アクセス	コンピュータシステムが外部から不正アクセスを受ける。
32			ソフトの不正使用・コピー	ソフトウェアのライセンスを一部しか取得せずに、組織的な経費節減のために意図的にソフトウェアの違法コピーをする。職員等が職場のPCにおいて、個人使用目的でソフトウェアを不正にコピーする。
33			違法建築物の放置	建築確認等の手続を怠って違法建築をされた建物を放置する。
34		予算執行	勤務時間の過大報告	勤務時間報告を過大に報告する。
35			カラ出張	カラ出張をする。
36			不必要な出張の実施	業務上不必要な出張により経費支出を行う。
37		契約・経理関係	収賄	外部業者との契約の際に、業者担当者から賄賂の申し出を受ける。
38			横領	現金を意図的に横領する。
39			契約金額と相違する支払	契約と異なる金額を支払う。
40			不適切な価格での契約	不適切な価格での契約を受け入れる。
41		過大計上	過大徴収	証明書の発行手数料を過大に徴収する。
42		架空計上	架空受入	委託業者からの納品に関して、架空の受入処理を行う。
43		過少計上	過少徴収	証明書の発行手数料を過少に徴収する。
44		計上漏れ	検収漏れ	委託業者からの納品に関して、検収印を押し忘れる。
45		不正確な金額による計上	財務データ改ざん	意図的に財務データを改ざん処理する。
46			支払誤り	経費の支払に際して、相手先からの請求額よりも過大に支払う。
47	財務報告の信頼性		過大入力	収入金額よりも過大な金額を財務会計システムに入力する。
48			過少入力	収入金額よりも過少な金額を財務会計システムに入力する。
49			システムによる計算の誤り	給与システムにおける給与及び源泉徴収控除等の計算を誤る。
50		二重計上	データの二重入力	財務会計システムにデータを二重入力する。
51			二重の納品処理	委託業者からの納品に関して、二重に受入処理を行う。
52		分類誤りによる計上	受入内容のミス	委託業者からの納品に関して、受入内容（品目・価額等）を誤る。
53			システムへの科目入力ミス	財務会計システムへの入力時に、使用する科目を誤る。
54			科目の不正変更	財務会計システムへの入力時に、使用する科目を意図的に変更する。
55		資産管理	不十分な資産管理	資産が適切に把握されていない。備品購入時において、発注内容と異なる物品を収納する。
56	資産の保全		固定資産の非有効活用	把握しているホール等の公共施設、空き地、官舎等が有効利用されていない又は処分すべき資産を処分しない。
57			無形固定資産の不適切な管理	ソフトウェアの有効期限を適切に管理していない。
58			不適切な不用決定	本来継続使用可能な備品を不用決定する。
59			耐震基準不足	施設に必要な耐震基準を満たしていない。
60			現金の紛失	現金を紛失する。

No.	大項目	中項目	小項目	具体例
61		二重計上	二重記録	二重に廃棄又は売却処理を記録する。
62			二重発注	備品を二重に発注する。
63		不正確な金額による計上	発注価額の誤り	実際の価額よりも過大な金額で発注する。
64			固定資産の処分金額の誤り	固定資産の処分金額を誤る。
65		計上漏れ	固定資産の処分処理の漏れ	固定資産の除売却・貸与処分を漏らす。
66			固定資産の登録処理の漏れ	固定資産の登録を漏らす。
67	経営体リスク（その他のリスク）	自然災害・事故	地震・風水害・地盤沈下・停電	風水害により業務が中断する。
68			渇水	渇水により給水制限が発生する。
69			火災	山火事などの大規模火災により業務が中断する。
70			NBC災害	核物質・生物剤・化学剤により汚染事故が発生する。
71			放火	公立施設が放火され業務が中断する。
72			公共施設建築現場における事故	公共施設建築現場において、事故が発生する。
73			公営住宅の老朽化等に伴う事故	公営住宅の老朽化が原因で人身事故が発生する。
74			医療施設における事故	公立病院内で「(80) 医療事故」以外の転倒又は転落事故が発生する。
75			公共施設における事故	地方公共団体が所管する施設において事故が発生する。
76			主催イベント時の事故	地方公共団体が主催するイベント中に事故が発生する。
77		健康	感染症	地域内において、感染症が発生する。
78			食中毒	地域内において、食中毒が発生する。
79			不審物による被害	公共施設に爆発物や有害物質が送りつけられる。
80			医療事故	公立病院内で手術ミスによる医療事故が発生する。
81			院内感染	公立病院内で院内感染が発生する。
82		生活環境	公害発生	地域内において、光化学スモッグが発生する。
83			産業廃棄物の不法投棄	産業廃棄物の不法投棄を放置する。
84			公共施設内のアスベスト被害	地方公共団体が管理する施設において、アスベスト被害が発生する。
85			水質事故	異臭、異物混入、赤水等の水質汚染により苦情が発生する。
86		社会活動	児童・生徒に対する危害	公立学校内で児童・生徒が外部からの侵入者により暴行を受ける。
87			施設開放時の事故	公立学校で施設開放時に事故が発生する。
88			児童虐待	児童が両親・保護者から虐待を受けているケースを把握しているにもかかわらず放置する。
89			教育施設への不審者の侵入	公立学校に不審者が侵入する。
90		経済活動	財政破たん	厳しい財政状況により住民サービスに影響が生じる。
91			指定金融機関の破たん	指定金融機関が破たんし、公金の収納や支払の業務ができなくなる。
92			家畜伝染病の発生	地域内において、鳥インフルエンザが発生する。
93		その他	首長の不在	首長に危害が加えられる又は急変により不在となり、行政が機能しない。
94			管理職又は担当者の不在	管理職又は担当者が急変により不在となり、担当業務が機能しない。
95			庁舎内来訪者の被害	庁舎内の設備の不備により来訪者が軽症被害を負う。
96			訪問先でのトラブル	職員が業務により訪問した個人宅でトラブルにより暴力事件が発生する。
97			職員と住民間トラブル	職員の窓口対応が悪く、来訪者による傷害事件が発生する。
98			マスコミ対応	マスコミへの情報提供が遅れる又は情報提供が不十分である。
99			増大する救急出動	救急車輌が不足する又は受入先が定まらないことにより、迅速な搬送が困難となる。
100			広域的救急医療事案の発生	地方公共団体内の医療施設だけでは対応できないような大規模な事件・事故が発生する。
101			テロ発生	爆弾テロが発生する。

3点セットと先行事例

📋 内部統制を把握する仕組みが必要

内部統制の３点セットという場合、①**業務記述書（別名、ナラティブ）**、②**業務フローチャート**、③**ＲＣＭ・リスクコントロールマトリックス**の３つを指します。

『内部統制による地方公共団体の組織マネジメント改革～信頼される地方公共団体を目指して～』（平成21年３月、地方公共団体における内部統制のあり方に関する研究会）に示される３点セットは次のとおりです。

ここでは、納税通知書の作成・発送業務を対象に一部抜粋し、ご紹介します。詳しくは上記資料をＷＥＢ検索し、ご参照ください。

①業務記述書

No.	業務名称	業務内容	実施部署	実施者
a)	入力準備	区役所市民税担当職員は、特徴義務者より給与支払報告書、納税義務者より市民税申告書、税務署より確定申告書、年金事務所等より年金支払報告書及び年金受給者リストを受け付け、給与支払報告書の提出枚数等の確認及び補正、区処理欄の記入、付表の作成等を行い、入力の準備をする。	区役所	市民税担当職員
b)	入力帳票等の作成	区役所市民税担当職員は、課税資料を編綴し、「入力授受票」及び「送付報告書兼入力結果報告書」を作成する。	区役所	市民税担当職員
c)	入力帳票等の決裁	区役所市民税担当課長は、担当職員が作成した「入力授受票」及び「送付報告書兼入力結果報告書」を確認し、決裁する。	区役所	市民税担当課長
d)	パンチデータの作成依頼	区役所市民税担当職員は、課長決裁後、課税資料を委託業者に渡す。この際、「入力授受票」及び「送付報告書兼入力結果報告書」に基づき、授受枚数の管理を委託業者と相互に実施している。	区役所	市民税担当職員
e)	課税資料の納品	区役所市民税担当職員は、委託業者が課税資料データを作成後、課税資料の返却を受ける。この際、「入力授受票」及び「送付報告書兼入力結果報告書」について、処理未済分の内容を確認・処理した上で課長決裁を受ける。	区役所	市民税担当職員
f)	課税資料データの搬入	財政局システム管理担当職員は、委託業者より課税資料データを受け取り、「INPUT媒体一覧」に記載する。	財政局	システム管理担当職員

②業務フローチャート

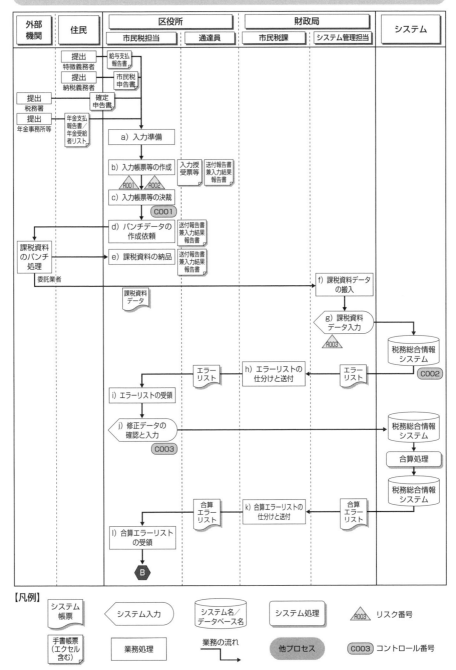

③RCM・リスクコントロールマトリックス

No.	サブプロセス	サブプロセスの統制目標	リスクNo.	内容	実在性	網羅性	期間配分の適切性	評価の妥当性	権利と義務の帰属	表示の妥当性	業務の有効性及び効率性	法令等の遵守	資産の保全	コントロールNo.	統制方法	コントロールの頻度	統制の種類	予防的・発見的	関連する根拠・規程・マニュアル類	関連するシステム
					アサーション（財務報告の信頼性）									統制		統制の属性				
1	市民税通知書の作成・発送業務	入力ミス	R001	課税資料の編綴を誤り、「入力授受票」及び「送付報告書兼入力結果報告書」の記載を間違う。		○					○		○	C001	区役所市民税担当課長が、課税資料と「入力授受票」及び「送付報告書兼入力結果報告書」の内容を突合確認する。	随時	手作業による統制	発見的	課長会及び係長会で提示した事務取扱い	－
2	市民税通知書の作成・発送業務	不正	R002	意図的に課税資料を隠蔽する。	○	○		○			○	○								
3	市民税通知書の作成・発送業務	入力ミス	R003	税務総合情報システムへの課税データの入力を誤る。		○							○	C002	税務総合情報システムは、課税データに誤りがある場合は、エラーリストを出力するようにプログラミングされている。	随時	自動化された統制	発見的	－	税務総合情報システム

　こうした３点セットの作成には、コストも時間もかかります。その結果、「内部統制疲れ」が生じた企業もあるほどです。先進的な内部統制の仕組みがあるとされた大手家電Ｔ社のような大企業でも粉飾事件が発生し、必ずしも３点セットが有効ではないことも、残念ながら証明されてしまいました。

　そうしたこともあってだろうと思いますが、地方公共団体において３点セットは必須ではない、こうしたことが言われるようになりました。

　宮城県は３点セットの代わりとして次ページのような「リスク回避実践チェックシート」を作成しています。この宮城県の事例なども参考にしながら、それぞれにあった内部統制の仕組みづくりが必要です。

第3章 財務監査等の基礎知識

宮城県の先行事例「リスク回避実践チェックシート」

記入例　様式2-1

平成●●年度　リスク回避実践チェックシート【会計事務　共通】

所属名　●●部　●●課
作成責任者　副参事兼課長補佐（総括担当）　●●●●

2枚中1枚目

各所属の内部統制推進職員（総括担当、県立学校は事務主幹を想定）が、作成に当たっている。各チェック実施者が自己評価を実施した内容をとりまとめて作成する。

C. チェック欄
上段：中間評価
下段：年間評価

各チェック項目が「実践できているか」定期的に点検する。

D. チェック実施者
各チェックの実施者
所属長／総括／担当班長①／担当班長②

各チェック欄のチェック実施者の全員が済に☑をしている場合は☑、☒はドロップダウンリストから☒を記入してください。

各チェック項目が「実践できているか」自己評価（判定）する。

リスク回避（対処）実践チェックポイント

E. 実践状況
上段：中間評価
下段：年間評価

F. 中間　G. 年間

評価の内容

（注）［E. 実践状況］欄で実践できなかった（済とならなかった）場合は、［評価の内容］欄に、［ミスの内容］や［実践できなかった理由］、［今後の改善策］を記入します。
実践チェックポイントに該当する事業や物件がない場合は、ドロップダウンリストから［×］を選択する。

先行事例　「宮城県内部統制行動計画　～会計事務編～」より抜粋

改正自治法と内部統制

📋 内部統制に関する方針の必須対象は「財務に関する事務」

平成29（2017）年、改正法第150条に、地方公共団体の内部統制に関する規定が設けられました。

第百五十条 都道府県知事及び第二百五十二条の十九第一項に規定する指定都市（以下この条において「指定都市」という。）の市長は、その担任する事務のうち次に掲げるものの管理及び執行が法令に適合し、かつ、適正に行われることを確保するための方針を定め、及びこれに基づき必要な体制を整備しなければならない。

一　財務に関する事務その他総務省令で定める事務

二　前号に掲げるもののほか、その管理及び執行が法令に適合し、かつ、適正に行われることを特に確保する必要がある事務として当該都道府県知事又は指定都市の市長が認めるもの

2　市町村長（指定都市の市長を除く。第二号及び第四項において同じ。）は、その担任する事務のうち次に掲げるものの管理及び執行が法令に適合し、かつ、適正に行われることを確保するための方針を定め、及びこれに基づき必要な体制を整備するよう努めなければならない。

一　前項第一号に掲げる事務

二　前号に掲げるもののほか、その管理及び執行が法令に適合し、かつ、適正に行われることを特に確保する必要がある事務として当該市町村長が認めるもの

3　都道府県知事又は市町村長は、第一項若しくは前項の方針を定め、又はこれを変更したときは、遅滞なく、これを公表しなければならない。

4　都道府県知事、指定都市の市長及び第二項の方針を定めた市町村長（以下この条において「都道府県知事等」という。）は、毎会計年度少なくとも一回以上、総務省令で定めるところにより、第一項又は第二項の方針及びこれに基づき整備した体制について評価した報告書を作成しなければならない。

5　都道府県知事等は、前項の報告書を監査委員の審査に付さなければならない。

6　都道府県知事等は、前項の規定により監査委員の審査に付した報告書を監査委員の意見を付けて議会に提出しなければならない。

7　前項の規定による意見の決定は、監査委員の合議によるものとする。

8　都道府県知事等は、第六項の規定により議会に提出した報告書を公表しなければならない。

9　前各項に定めるもののほか、第一項又は第二項の方針及びこれに基づき整備する体制に関し必要な事項は、総務省令で定める。

内部統制に関する方針の必須対象は、「**財務に関する事務**」（改正法第150条第1項）です。というのも、財務に関する事務は、影響度が大きく、発生頻度も高く、事務の多くは予算に基づき明確かつ網羅的に捕捉でき、すでに内部統

制事例のある民間企業の取り組みを参考にしながら進めることができる、こうした理由から「財務に関する事務」の内部統制に関する方針の策定等は必須とされています。

なお、「財務に関する事務」以外についても内部統制に関する方針の対象とすることは可能であることが改正法同条第2項に規定されています。

📋 施行期日は2020年4月1日から

改正法第150条の施行期日は2020年4月1日からです。そのため、2019年度までに準備作業が必要となります。

また、内部統制評価報告書に係る監査委員の審査、議会への提出、公表は、2020年度以降の事務を対象に、2021年度以降に行うことになります。

📋 内部統制の制度化における主な留意点

法2条第14項「地方公共団体は、その事務を処理するに当つては、住民の福祉の増進に努めるとともに、最少の経費で最大の効果を挙げるようにしなければならない」としています。これを前提に、次のような視点で、内部統制の制度化を考える必要があるでしょう。

1 内部統制には限界がある

内部統制の制度化で、事務の適正化、業務改善が期待できる反面、内部統制には一定の限界がある、内部統制に過大な期待を寄せない、コストと効果を見極める、こうした点にも留意が必要です。

2 既存の仕事への取り組み方や姿勢等を見直す

新規に制度を導入するという視点ではなく、既存のルールや体制をリスク管理の観点から必要な見直しを行う、こうした姿勢が大切です。

3 内部統制は育てていくものである

最初から完璧な内部統制を求める必要はありません。リスクを洗い出すことから始め、PDCAサイクルを回し、徐々に内部統制を良くしていこうとする意識が必要です。

4 マンネリ化してはいけない

大手家電メーカーT社のように、立派な内部統制があるとされた企業でも不正会計は起きてしまいました。内部統制体制の整備・運用をバージョンアップさせ、工夫する視点が大切です。

内部統制基本方針

📋 内部統制基本方針として定める体制

　内部統制に関する取り組みでは、改正法第150条第1項の内部統制基本方針を定める必要があります。

　『地方公共団体における内部統制の整備・運用に関する検討会　参考資料集』に、下表のような地方公共団体における内部統制基本方針（イメージ）が掲載されています。

地方公共団体における内部統制基本方針（イメージ）

　今般、地方自治法第150条第1項の規定に基づき、○○市における事務の執行の適正を確保するための体制（いわゆる内部統制体制）の整備及び運用に関する基本方針を次のとおり決定しましたので、これを住民の皆様に公表します。

　この基本方針に基づき、内部統制体制を整備し、運用してまいります。

Ⅰ　財務事務執行リスクに対応するための体制
　⑴　副市長及び各区長を内部統制推進責任者に任命します。それぞれの管理対象は、副市長の場合は各局とし、各区長の場合は各区役所とします。
　　　内部統制推進責任者は、財務事務執行リスクに対応する内部統制体制の整備及び運用を担当します。
　　　具体的には、内部統制推進責任者は、年度末に、財務事務執行リスクについて全庁的なリスクを分析し、年度当初に重点対策リスク及びその対応策を決定します。
　⑵　各局の部長及び各区の部長を内部統制連絡員に任命します。内部統制連絡員は、内部統制推進責任者に対して各部が直面するリスクを評価し、対応すべきリスクを報告します。
　⑶　各局及び各区役所における財務事務執行リスクに対する対応状況を確認するため、○○を独立的評価（モニタリング）の責任者とし、同責任者は評価結果を速やかに市長に伝達します。

　（以下略）

Ⅱ　○○市が選択するリスクに対応するための体制
　○個人情報の保存に関する体制（略）

Ⅲ　○○市独自のリスクに対応するための体制
　○レピュテーションリスクに対応するための体制（略）
　　　　　　　　　　　　　　　　　　　　　　　○年○月○日
　　　　　　　　　　　　　　　　　　　○○市長　□□　□□　印

　上表にあるように、必須の「Ⅰ　財務事務執行リスクに対応するための体制」のほか、「Ⅱ　○○市が選択するリスクに対応するための体制」「Ⅲ　○○市独自のリスクに対応するための体制」などを内部統制基本方針として定めることが想定されます。

内部統制制度の設計プロセス

具体的な設計プロセスの概略

　総務省に設置された「地方公共団体における内部統制の整備・運用に関する検討会」は平成26年３月に報告書をまとめています。その中で地方公共団体における内部統制を、**首長が「地方公共団体の事務の処理の適正さを確保する上でのリスクを評価して、コントロールする」**取組みであると定義しています。

　大規模地方公共団体の場合、内部統制制度の具体的な設計プロセスは図表のとおりで、概略は次のとおりです。

- 首長が、内部統制の整備・運用の責任表明
- 内部統制基本方針を作成、住民向けに公表
- 首長の下で、財務事務執行リスクに関して、内部統制体制を整備・運用
- 内部統制状況評価報告書の作成・公表
- 監査委員による内部統制状況評価報告書の監査、監査結果の議会報告、住民向け公表

　こうした考え方が、第31次地方制度調査会答申に引き継がれ、今般の地方自治法改正につながっています。

地方公共団体における内部統制制度案

			大規模地方公共団体	左記以外の地方公共団体
1	適正に事務を執行する義務		(首長が現行において有しているもの)	
2	体制を決定する権限及び責任		首長に属することを明確化すべき	
3	内部統制基本方針		財務事務執行リスク※について作成すべき	内部統制体制を整備・運用する団体に対し、技術的助言を行うことにより支援すべき
	(1)作成			
	(2)決定事項	①必要的決定事項		
		②任意的決定事項(選択)	技術的助言を行うことにより支援すべき	
		③任意的決定事項(独自)	任意	任意
	(3)公表		公表すべき	
4	内部統制体制の整備		技術的助言を行うことにより支援すべき	技術的助言を行うことにより支援すべき
	(1)内部統制推進責任者			
	(2)内部モニタリング責任者			
5	内部統制体制の運用	(1)全庁レベル		
		(2)業務レベル	任意	任意
6	内部統制状況評価報告書		作成等を行うべき	技術的助言を行うことにより支援すべき
	(1)作成			
	(2)監査委員による監査			
	(3)議会に対する報告			
	(4)公表			

＊財務に関する事務の執行における法令等違反のリスク、決算の信頼性を阻害するリスク及び財産の保全を阻害するリスクを言う。

141

ＰＤＣＡサイクルと内部統制評価報告書

監査委員がモニタリングできるだけの十分な情報を記載する

改正法第150条第4項に基づき、内部統制評価報告書を取りまとめる必要があります。

> （改正法）
> 第150条
> 4　都道府県知事、指定都市の市長及び第二項の方針を定めた市町村長（以下この条において「都道府県知事等」という。）は、毎会計年度少なくとも一回以上、総務省令で定めるところにより、第一項又は第二項の方針及びこれに基づき整備した体制について評価した報告書を作成しなければならない。

内部統制評価報告書では、1から7に示すような事項について、監査委員がモニタリングできるだけの十分な情報が記載されなければなりません。

1　リスク管理活動体制の整備（職務分掌規程の作成等による、統制環境の整備）
2　各部署におけるリスク管理活動の実施（リスクコントロールマトリックスＲＣＭの作成等による、リスクの評価と対応）
3　リスク管理活動に必要な情報整理・報告・連絡（モニタリング体制の構築等による、情報と伝達）
4　リスク管理活動における情報システムの利用（情報の共有化等による、ＩＴの利用）
5　責任者によるリスク管理活動の監督（内部統制の有効性評価等による、統制活動）
6　管理部門による組織横断的管理（統制活動等の日常的モニタリング）
7　内部統制全体の評価（独立的評価担当者による独立的評価の実施）

リスク管理のＰＤＣＡサイクル

『姫路市リスク管理基本方針』（平成23年3月）より抜粋

前ページ表に示した１から７に示す事項を、下図のような内部統制評価報告書として取りまとめます。

　そのうえで、独立的評価により識別された問題点について、改善を行い、改善状況をフォローアップします。

　このような流れで、Plan（計画）-Do（実行）-Check（評価）-Action（改善）というＰＤＣＡサイクルを継続的に回し、各部署におけるリスク低減策に取り組むことになります。

地方公共団体における内部統制評価報告書（イメージ）

　地方自治法第150条第４項の規定に基づき、○○市における内部統制体制の整備状況及び運用状況について評価し、下記のとおり、報告書を作成するとともに、これを●年８月に、監査委員への監査に付しました。その後、●年９月に、当該監査委員の意見を付けた報告書を議会に報告しましたので、住民の皆様に公表します。

内部統制評価報告書

Ⅰ　財務事務執行リスクに対応するための体制について
　(1)　評価の基準日及び評価手続
　　　財務事務執行リスクに対応する内部統制体制の整備及び運用状況について、●年３月31日を基準日として「○○市の全庁的な内部統制に関する評価項目」に基づき評価した結果は、次のとおりです。
　(2)　評価結果
　　　以下の事例を除き、重要な不備はなく、有効であると認められました。
　①Ａ区役所◆◆部○○課においては、契約における発注担当者と契約担当者が分離されておらず、内部統制体制の不備が認められました。
　②Ｂ局◇◇部においては、課長相当職の決裁権限（１千万円以下）を超える契約について、課長の決裁が行われた事例が１件あり、内部統制体制の不備が認められました。
　(3)　評価後の改善状況
　　　本報告書提出日現在の改善状況は、以下のとおりです。
　①Ａ区役所◆◆部○○課においては、●年４月に、個別の契約における発注担当者と検収担当者を分離する体制を整備し、不備の是正を図りました。
　②内部統制推進責任者が、Ｂ局◇◇部における○年度の契約を全て調査しております。その上で、必要な是正を図ってまいります。
Ⅱ　○○市が選択するリスクに対応するための体制について　　　（略）
Ⅲ　○○市独自のリスクに対応するための体制について　　　（略）

●年６月○日
○○市長　□□　□□　印

○○市長　□□　□□　様

●年８月○日
○○市監査委員　××　××　印
　　同　　　　　　■■　■■　印

内部統制評価報告書に係る監査意見

　地方自治法第150条の規定により監査に付された内部統制評価報告書について監査したので、次のとおり意見書を提出する。
１　監査の結果
　　報告書に記載されている事項については、おおむね適正であると認められた。
２　監査の意見　　（以下略）

　　　　　　　総務省『地方公共団体における内部統制の整備・運用に関する検討会　参考資料』をもとに作成

監査委員監査の指摘事例

異常点を抽出するにはＣＡＡＴの利用も欠かせない

　監査委員監査の指摘事例は様々です。ここでは、実際の指摘事例から一例をご紹介します。

(1)職務や給与関係等 → 不自然な痕跡	①給食業務（1日3食）を行っている職場において、1日の出勤人数の多寡にかかわらず、出勤者全員の超過勤務時間合計が常に同じ事例 ②昼夜2交代制の24時間監視業務の職場において、昼間勤務職員全員が、夜勤職員との業務の引継ぎを時間外勤務として毎日15分実施 ③職務専念義務免除の承認を受けて、出席すべき団体の会議に未届や市内出張命令のみで参加
(2)補助金関係 → 補助金の精算書の添付書類の不備（支払時の領収書の原本添付が原則）	①補助年度でない領収書を添付するもの ②金額欄等の内容が不鮮明で判別できないもの ③領収書の原本を加工しているもの ④領収書の原本を紛失しているもの ⑤カラーコピーの領収書が混在
(3)契約関係 → 契約事務上の不備	①仕様書が詳細でない ②契約金の積算根拠が詳細でない ③日々履行確認をすべき清掃業務委託契約において確認が不十分であった ④積算根拠に業務内容が合致していない ⑤随意契約の理由が不適切 ⑥随意契約先が業務の大部分を外部委託していた ⑦契約分割 ⑧不適切な契約変更
(4)財産管理関係 → 目的外使用許可	①許可した面積よりも広く使用している ②使用実態が許可図面と異なる ③10年以上前から電柱を敷地に設置させているが、目的外使用許可手続をしていなかった ④継続設置している自販機について、設置業者も許可申請を失念し、職員も申請を要請していなかった

144

第 4 章

財務監査等の着眼点

　地方自治法第2条第14項の「効率性」、同第15項の「合理性」、これらを受けて法第199条第3項で「監査委員は、効率性と合理性に、特に、意を用いなければならない」としていることに留意して財務監査を行う必要があります。

　第4章では、日本公認会計士協会が公表する、公会計委員会研究報告第11号『地方公共団体包括外部監査に関する監査手続事例』（平成16年6月15日）、同第13号『地方公共団体包括外部監査に関する監査手続事例（その2）』（平成17年10月5日）をもとに、筆者の私案も加えながら、監査委員や監査事務局担当者に必要な財務監査等の着眼点をご紹介します。

公有財産・物品・基金の取得管理

財産を経済的、効率的に使用しているか

　地方公共団体の財産は、常に良好の状態において管理し、その所有の目的に応じて最も効率的に運用しなければなりません。一方、財産の取得後、計画と異なる目的使用や未利用などとなることもあります。**計画決定・予算措置されると、予算実行が重要となり、財産がどのように使用されているかはあまり検討されないのが現状です。**こうしたことから、**財産を経済的、効率的に使用しているか**という点は監査要点となります。

監査の着眼点【参照条文等】	監査手続等
1．財産（リースを含む。）の受払残高を示す帳簿は整備されているか。財産の分類が誤っているものはないか。 【法237〜239、244の2】	(1)　公有財産台帳、備品出納簿等を閲覧するとともに、関係者への質問、証憑突合、説明聴取を行い、記載内容を確認する。 (2)　リース契約書や単年度契約の物品賃借契約書の内容を検討する。
2．財産の実物調査が行われているか。	(1)　関係者へ質問するとともに供用物品一覧表を閲覧し実地調査を行っているかを確認する。 (2)　登記簿謄本等との照合及び必要に応じて現地の視察、実地調査を行う。
3．財産の購入、移動、処分及び廃棄は適法になされているか。 【法96、149、170、237、238、238の4、238の5、239、241】 【公企法33】 判例　平成10.11.12最高裁判決　平成6（行ツ）239損害賠償 市がその施行する土地区画整理事業において取得した保留地を随意契約の方法により売却する行為は、住民訴訟の対象となる「財産の処分」「契約の締結」に当たる。	(1)　公有財産事務規則等取得・処分に関する規則を入手、取得・処分手続を把握する。 (2)　支出負担行為兼支出命令決議書等の決裁文書、契約書と照合し適正性を確かめる。 (3)　廃棄申請書類を閲覧する。 (4)　購入かリースか、理由書を閲覧する。 (5)　公有財産、物品に関連した決算推移（財産残高、土地取得、土地処分、備品購入費、需用費のうち消耗品費の歳出状況等）を分析する。

監査の着眼点【参照条文等】	監査手続等
4．財産は効率的に運用されているか。遊休施設、不用品、未使用品は適切に管理されているか。また活用、転用あるいは売却が図れているか。不法占拠されているものはないか。 【法96】 【自治令170の4】 【地財法8】	(1) 未利用土地について、その経緯、現況及び今後の対策等に関して証憑書類を査閲し、関係者へヒアリングを行うとともに現場視察を行う。 (2) 未利用土地について行政財産と普通財産の区別の妥当性を検討する。 (3) 財産台帳を基に施設の実査を行い、その管理状況を確認する。 (4) 不用品、未使用品リストを閲覧し、有効利用の検討が行われているかを確認する。 (5) 時価情報を入手し、含み損益を把握する。
5．財産の稼動率及び利用状況並びに維持及び運営に関しコストパフォーマンスはどのようになっているか。	(1) 財産の利用率に関する資料を閲覧し、担当者への質問、追加資料の入手、分析を実施することによって、財産の使用価値及び維持管理のあり方について検討する。 (2) 財政に関する経営指標一覧表（経常収支比率、公債費比率等）を分析する。 (3) 施設別キャッシュ・フロー計算書を作成して分析する。 (4) 施設別維持補修費比率を分析する。
6．行政財産の使用許可、使用料には合理性があり、かつ、適法になされているか。 【法225、228、238の4】 判例 昭和49.2.5 最高裁判決 昭和44（オ）6.28借地権確認土地引渡等請求都有行政財産である土地について建物所有を目的とし期間の定めなくされた使用許可が当該行政財産本来の用途又は目的上の必要に基づき将来に向かって取り消されたときは、使用権者は特別の事情のない限り、右取消による土地使用権喪失についての補償を求めることができない。	(1) 使用許可財産について使用許可申請書と照合し、使用料の有無、使用行為の妥当性を確かめる。 (2) 入居率、近隣の民間賃貸住宅相場との比較を行う。
7．普通財産の貸与には合理性があり、かつ、適法になされているか。 【法238の5】	(1) 貸付財産について契約書と照合し、貸付行為や貸付料算定の妥当性を確かめる。 (2) 貸付台帳の整備状況を確かめる。 (3) 無断使用の有無及び防止の措置方法が取られているかを確認する。 (4) 貸付財産の推移を分析する。
8．財産の施設維持管理業務委託は、適法、かつ、経済的、効率的に行われているか。 【法234】	(1) 財産に対する修繕工事や建物維持管理業務委託について、関連する入札関連資料を入手し、質問及び分析等を実施する。 (2) 財産に関連した決算推移を入手し、異常な変動がないかどうかを検討する。

第4章 財務監査等の着眼点

使用料・手数料の徴収

利用者間の公平性等は保たれているか

　使用料、手数料の算定及び徴収に関する**監査の要点**は、**関係法令への合規性**、**使用料、手数料の算定及び徴収の効率性**、**利用者間の公平性**等が挙げられます。

監査の着眼点【参照条文等】	監査手続等
１．使用料、手数料の算定が法令等に準拠して行われているか。 【法223〜227、231】 【自治令154】 判例 昭和2.11.5 行政裁判所判決 関係指定期限経過後に滞納者に交付された督促状は無効である。	(1) 関係法令、条例、規則等の根拠規定を確認する。 (2) 概要説明書等を閲覧する。 (3) 必要事項につき関係者へ質問する。 (4) 主な事業所に往査し、事務事業が関係法令等に基づき適正に行われているかを確認する。 (5) 使用料、手数料の算定資料を計算チェックする。 (6) 各種資料に基づき使用料、手数料の算定根拠となる維持運営経費の積算作業につき説明を受け、関連資料と突合する。
２．使用料、手数料の算定が効率的に行われているか。	(1) 使用料・手数料算定に関する関係書類の閲覧、担当者への質問をする。 (2) 事業所に往査し、事務事業が関係法令等に基づき効率的に行われているか確認する。
３．使用料、手数料の算定が網羅的に行われており、公平性が確保されているか。 【法240】 【自治令171の6、171の7】	(1) 使用料、手数料を算定する担当組織が必要十分なものか確認するため、その整備状況を視察及び質問により検討する。 (2) 納付書を送付し未提出の利用者につき、担当者にフォロー状況等を質問する。 (3) 未納者の捕捉状況について質問を実施し、関連資料を閲覧する。 (4) 利用者の異動の捕捉状況について質問を実施し、関連資料を閲覧する。 (5) 減免一覧表を入手し、減免申請書と突合する。 (6) 調定表を入手し、コンピュータ台帳等関連資料と突合する。

監査の着眼点【参照条文等】	監査手続等
4．使用料、手数料の徴収が法令等に準拠して行われているか。 【法96、231、231の3、236、240】 【自治令154、171〜171の7】 判例 昭和2.11.5 行政裁判所判決 指定期限経過後に滞納者に交付された督促状は無効である。	(1) 関係法令、条例、規則等の根拠規定を確認する。 (2) 概要説明書等を閲覧する。 (3) 事業所に往査し、滞納整理について、事務事業が関係法令等に基づき適正に行われているか確認する。 (4) 滞納管理台帳を査閲し、関係資料と突合する。 (5) 担当者に質問し、管理状態を確認する。 (6) 滞納処分停止調書を入手し、徴収明細と突合する。 (7) 不納欠損処分決議書と突合する。 (8) 収納及び滞納整理手続の質問、関係資料の閲覧をする。
5．使用料、手数料の徴収が効率的に行われているか。	(1) 滞納整理の事務事業が関係法令等に基づき適正に行われているか確認する。 (2) 徴収コストの分析をする。 (3) 徴収コストの他都市間比較をする。 (4) 徴収コストの経年比較をする。 (5) 徴収コストの内訳別経年比較をする。
6．使用料、手数料の徴収が網羅的に行われており、公平性が確保されているか。 【法240】 【自治令171の5〜7】	(1) 視察及び質問により徴収に関する組織体制の整備状況を検討する。 (2) 滞納者・滞納額の把握方法を質問する。 (3) 滞納者への納付督促、財産調査及び差押え等の手続が適時、かつ、適切に実施されているか否かを検討する。 (4) 不納欠損処理額の把握方法、処理手続の質問を行い、関連資料を閲覧する。 (5) 不納欠損処理に至るまで滞納者に対し十分な事前措置が講じられたか検討する。 (6) 不納欠損額内訳書、不納欠損額一覧表を査閲し、整合性をチェックする。 (7) 徴収事務の執行状況の分析をする。 (8) 比較する（収入歩合の経年比較、税目別収入歩合の経年比較、収入歩合の他都市間比較、収入未済額（滞納額）の税目別経年比較、収入未済額（滞納額）処理状況の経年比較、不納欠損処理額の事由別経年比較）

税の徴収

📋 納税者間の公平性等は保たれているか

関係法令への**合規性**、税の賦課及び徴収の効率性、**納税者間の公平性**等が監査要点となります。

監査の着眼点【参照条文等】	監査手続等
1．税の賦課が法令等に準拠して行われているか。 【法223～227、231】 【自治令154】 判例 昭和2.11.5 行政裁判所 指定期限経過後に滞納者に交付された督促状は無効である。	(1) 関係法令、条例、規則等の根拠規定を確認する。 (2) 概要説明書等を閲覧する。 (3) 徴収事務が関係法令等に基づき適正に行われているかを確認する。 (4) 申告書を計算チェックする。 (5) 各種所得資料に基づき課税標準となる所得を確定していく作業につき質問し、関連資料と突合する。
2．税の賦課が効率的に行われているか。	(1) 「税の賦課徴収事務」に関する関係書類の閲覧、担当者へ質問をする。 (2) 徴収事務が関係法令等に基づき効率的に行われているか確認する。
3．税の賦課が網羅的に行われており、公平性が確保されているか。 【法240】 【自治令171の6～7】	(1) 賦課担当組織が必要十分なものであるか確認するため、その整備状況を視察及び質問により検討する。 (2) 申告用紙を送付しているが申告書の提出のない納税者につき、担当者にフォロー状況等を質問する。 (3) 電話帳等から申告すべきと思われる者を抽出し、申告書の提出状況を確認する。 (4) 未申告者の捕捉状況について質問を実施し、関連資料を閲覧する。 (5) 課税客体の異動の捕捉状況について質問を実施し、関連資料を閲覧する。 (6) 課税客体の現地視察を実施し、外観から判断可能な範囲において課税客体の捕捉漏れの有無を確認する。 (7) 減免一覧表を入手し、減免申請書と突合する。 (8) 調定表を入手し、コンピュータ台帳等関連資料と突合する。

監査の着眼点【参照条文等】	監査手続等
4．税の徴収が法令等に準拠して行われているか。 【法96、231、231の3、236、240】 【自治令154、171〜171の7】 判例 昭和2.11.5 行政裁判所判決 指定期限経過後に滞納者に交付された督促状は無効である。	(1) 関係法令、条例、規則等の根拠規定を確認する。 (2) 概要説明書等を閲覧する。 (3) 滞納整理が関係法令等に基づき適正に行われているか確認する。 (4) 滞納管理台帳を査閲し、関係資料と突合する。 (5) 担当者に質問し、管理状態を確認する。 (6) 滞納処分停止調書を入手し、納税明細と突合する。 (7) 不納欠損処分決議書と突合する。 (8) 収納及び滞納整理手続の質問、関係資料の閲覧をする。
5．税の徴収が効率的に行われているか。	(1) 徴税コストの分析をする。 (2) 徴税コストの他都市間比較をする。 (3) 徴税コストの経年比較をする。 (4) 徴税コストの内訳別経年比較をする。
6．税の徴収が網羅的に行われており、公平性が確保されているか。 【法240】 【自治令171の5〜7】	(1) 視察及び質問により徴収に関する組織体制の整備状況を検討する。 (2) 滞納者・滞納額の把握方法を質問する。 (3) 滞納者への納付督促、財産調査及び差押え等の手続が適時、かつ、適切に実施されているか検討する。 (4) 不納欠損処理額の把握方法、処理手続の質問を行い、関連資料を閲覧する。 (5) 不納欠損処理に至るまで滞納者に対し十分な事前措置が講じられたか検討する。 (6) 不納欠損額内訳書、不納欠損額一覧表を査閲し、整合性をチェックする。 (7) 徴税事務の執行状況の分析をする。 (8) 比較する（収入歩合の経年比較、税目別収入歩合の経年比較、収入歩合の他都市間比較、収入未済額（滞納税額）の税目別経年比較、収入未済額（滞納税額）処理状況の経年比較、不納欠損処理額の事由別経年比較）

補助金・負担金

補助交付団体への指導監督の合規性等は保たれているか

補助対象の公益性や補助金の申請・決定・交付の手続等の合規性、補助交付団体への指導監督の合規性・経済性・効率性等が監査要点となります。

監査の着眼点【参照条文等】	監査手続等
１．補助対象は適切か、公益上の必要性はあるか。 【法232の2】【適正化法】【各自治体の補助金交付に関する条例】 判例 神戸地裁判決 昭和62.9.28 公益上必要であるか否かは、その事業活動が果たすべき公益目的の内容、その目的が地方公共団体の財政上の余裕の程度との関連においてどの程度重要性と緊急性を有しているか、補助が公益目的実現に適切、かつ、有効な効果を期待できるか、他の用途に流用される危険がないか、公正、公平など他の行政目的を阻害し、行政全体の均衡を損なうことがないかなど諸般の事情を総合して判断すべきである。 判例 東京地裁判決 平成10.7.16 公益上必要がある場合に該当するか否かは、地方公共団体の長の合理的な裁量にゆだねられている。	(1) 補助要綱・要領等を分析し、交付目的、対象事業、支出費目を確かめる。 (2) 交付申請書の内容、審査及びヒアリングの状況を調査し、要綱、要領で定める事業及び組織が補助対象になっているか確認する。
２．補助金の申請、決定、交付等の手続は定められた手順によっているか。 【適正化法5、6】 【各自治体の補助金交付に関する条例】	(1) 必要な書類はすべて徴求され、定められた審査・確認が行われているか確認する。
３．補助金額の算定及び交付時期は適切か。 【各自治体の補助金交付に関する条例】	(1) 補助事業の趣旨に沿った算定方法がとられているかを検討する。 (2) 補助金額が定められた算定方法によって計算されていることを確かめる。 (3) 補助事業の実施時期に対応した交付時期となっているかを検討する。

監査の着眼点【参照条文等】	監査手続等
4．補助事業の実績報告は適切か。 【適正化法12、14、15】 【各自治体の補助金交付に関する条例】	(1) 補助金交付団体の補助に係る経理は適正か確認する。 (2) 補助金実施報告書の内容を検討し、補助金の使用状況が適切か確認する。
5．補助交付団体への指導・監督は適切か。 【法221】【適正化法16】 【各自治体の補助金交付に関する条例】	(1) 補助金実施報告書に対する審査方法、補助金交付団体への指導、監督方法を確認する。
6．補助事業の効果測定及びそのフィードバックは適切か。 【各自治体の補助金交付に関する条例】	(1) 補助事業の効果測定方法並びに分析及び評価方法を確認する。 (2) 補助金の評価結果に対する今後の対応方法を確認する。

第4章 財務監査等の着眼点

153

契約

契約事務の関係法令への準拠性等は保たれているか

地方公共団体は、その目的である公共福祉の実現のための手段として、一般競争入札、指名競争入札、随意契約又はせり売りの方法により契約を締結します。よって、**契約事務の関係法令への準拠性、公平性、履行の確実性、効率性**が監査要点となります。

監査の着眼点【参照条文等】	監査手続等
1．契約に係る財務事務について月次の進行状況が予算と対比される形で報告され、管理されているか。 【法232】 【自治令150①】	(1) 予算差引簿、予算執行状況報告書を閲覧し、予算と実績との間で著しい差異がある場合にはその理由の妥当性を確かめる。 (2) 予算消化のためのような、不要、不急その他不適当と認められる不動産の取得、工事の施工がないことを確かめる。
2．契約に係る財務事務について物品購入に関する必要な金額等の予算執行の見積りは妥当か（物品購入契約特有）。 【法232】【自治令150①】 【条例会計規則等】	(1) 見積書、見積経過調書、予算執行計画書を閲覧し、月次の予算執行の見積りの妥当性を検討する。
3．契約に係る財務事務について物品購入に関する月次の進行状況が予算と対比される形で報告され、管理されているか（物品購入契約特有）。 【法232】 【自治令150①】 【条例会計規則等】	(1) 予算差引簿、予算執行状況報告書を閲覧し、予算と実績との間で著しい差異がある場合にはその理由の妥当性を確かめる。 (2) 予算消化のためのような、不要、不急の物品購入がないことを確かめる。 (3) 出納簿（物品）により、物品購入額と物品残高の比較・分析を行い相関関係が正常であることを確かめる。
4．契約の方式決定及び相手方の選定について契約方法（一般競争入札）の選定が適法、かつ、妥当であるか。 【法234①】【条例契約規則等】 判例 最高裁判例 昭和62.3.20第二小法廷・判決昭和57（行ツ）74損害賠償（「その性質又は目的が競争入札に適しないものをするとき」に該当する場合、該当するか否かの判断と普通地方公共団体の契約担当者の裁量）	(1) 業者選定委員会規程、参加停止基準、有資格者名簿、競争参加資格確認書を閲覧し、入札参加業者が入札参加要件を満たしていることを確かめる。 (2) 施工計画書、伺書（稟議書）を査閲し、工事施工能力を担保する条件を設けていることを確かめる。 (3) 最低制限価格制度を採用していることを確かめる。もし、当該制度を廃止している場合は、低入札価格調査機関規則及び苦情処理機関規則に準拠して、低入札価格調査機関及び苦情処理機関を設けていることを確かめる。

監査の着眼点【参照条文等】	監査手続等
5．契約の方式決定及び相手方の選定について契約方法（指名競争入札）の選定が適法、かつ、妥当であるか。 【法234①、②】 【自治令167】 【条例契約規則等】	(1) 指名審査委員会規程、指名資格格付審査委員会規程、業者決定基準、指名停止基準、施工計画書、指名競争入札参加申請書、伺書（稟議書）等の内容を検討し次の事項の妥当性を確かめる。 ①指名競争入札を行う理由の妥当性 ②指名の過程で不透明又は恣意的な運用がなされていないこと
6．契約の方式決定及び相手方の選定について契約方法（随意契約）の選定が適法、かつ、妥当であるか。 【法234①、②】 【自治令167の2①〜④】 【条例契約規則等】 判例 昭和62.5.19最高裁判例第三小法廷判決昭和56（行ツ）144売却処分無効確認等 （普通地方公共団体が随意契約の制限に関する法令に違反して締結した契約の効力、履行行為と自治法242条の2第1項1号に基づく差止請求の可否）	(1) 随意契約ガイドライン、契約書、請書、見積書、仕様書、伺書（稟議書）の内容を検討し次の事項の妥当性を確かめる。 ①災害による緊急を要する工事、特殊な技術を要する工事等の場合、随意契約によることの理由の妥当性 ②必要以上に条件を付して、契約の相手方を予定していると思われるようなものはないこと ③入札不調に係るもので、当初の条件を違法に変更しているものはないこと
7．契約の方式決定及び相手方の選定について契約方法（せり売り）の選定が適法、かつ、妥当であるか。 【法234①②】【自治令167の3】	(1) その理由の妥当性を確かめる。
8．契約の方式決定及び相手方の選定について競争入札の参加者の資格審査等が適正に行われているか。 【法234⑥】 【自治令167の4、167の5、167の5の2、167の11、167の12①】 【公告式条例】 【条例契約規則等】	(1) 制限付一般競争入札要綱、業者指名停止基準、入札参加資格者名簿、資格審査結果通知書控、客観点数通知書、工事実績データ、伺書（稟議書）の内容を検討し次の事項の適正性及び妥当性を確かめる。 ①一般競争入札、特に制限付一般競争入札の参加資格の適正性 ②施工能力有無の判断には、同種工事の実績、十分な資格及び経験を有する技術者の配置等を条件としていること ③施工困難な工事については、あらかじめ施工計画の提出を求め、事前に技術審査を行っていること ④業者の受注可能量、工事成績、労働安全の状況等について検討されていること ⑤参加資格は公示されていること (2) 参加格付審査委員会規程、資格審査事務処理基準、業者選定調書の内容を検討し、指名競争入札の参加資格の適正性を検討する。上記(1)②、③、⑤に準じて行っていることを確かめる。

第4章　財務監査等の着眼点

155

監査の着眼点【参照条文等】	監査手続等
	(3) 指名業者通知書控、入札参加資格者名簿、契約一覧表の内容を検討し次の事項の適正性及び妥当性を確かめる。 ①指名競争入札参加資格者の指名等の適正性 ②指名参加人員は契約規則等で定められている人員を満たしていること ③入札又は落札意欲の乏しい者、指名保留理由のある者を指名していないこと ④指名基準に従って指名していること ⑤指名先は正当な理由なく、特定の業者に偏っていないこと (4) せり売りの参加資格の適正性を確かめる。上記(1)②、③、④、⑤に準じて行っていることを確かめる。
9. 契約の方式決定及び相手方の選定について入札手続等が適正に行われているか。 【法234③、④、⑥】 【自治令167の4～5、167の5の2、167の7～10、167の13～14】 【公告式条例】 【条例契約規則等】 【公企令21の14】 【条例契約規則等】	(1) 伺書（稟議書）を閲覧し、公告又は通知等の諸手続の適正性を確かめる。 (2) 入札条件、内容が明確に示されていることを確かめる。 (3) 予定価格調書、仕様書、設計図書を閲覧し、最低制限価格を適用する工事については、予定金額、予定価格及び最低制限価格の算定が取引の実例価格、需要状況、履行の難易、数量の多寡及び履行期間から見て適正に行われていることを確かめる。 (4) 仕様書、設計図面及び説明書が適正に作成されていることを確かめる。 (5) 予定価格等の秘密保持について配慮していることを確かめる。 (6) 入札・契約手続運営委員会規程、入札書、落札通知書控、予定価格調書、設計図書、仕様書の内容を検討し、入札、再入札、開札及び落札の手続の適正性及び妥当性を確かめる。 ①予定価格の制限の範囲内で最高又は最低の価格をもって申込みをした者を契約の相手方としていること。 ②支出の原因となる契約について、予定価格の制限の範囲内の価格をもって申込みをした者のうち最低価格をもって申込みをした者以外の者を契約の相手方としている場合には、その理由の妥当性。 ③最低制限価格を設けている場合は、その価格の範囲内であること。 ④入札保証金の取扱いの適正性を確かめる。全部又は一部が納入されていないときは、それに代わるべき担保が確保されている

156

監査の着眼点【参照条文等】	監査手続等
	こと。 ⑤入札保証金又は担保物件としての有価証券が納入されているときは、その保管管理の妥当性。 (7) 随意契約による場合、業者経歴書、見積書、仕様書、伺書（稟議書）を閲覧し、見積書は原則としての2人以上から徴していることを確かめる。 (8) 代理人による入札は、委任状と突合し、その権限の適法性を確かめる。 (9) せり売りの手続の適正性を確かめる。上記(1)及び(6)④、⑤に準じ行っているか。
10. 契約の方式決定及び相手方の選定について入札及び契約手続における不正行為を排除するための措置は適切か。 【公告式条例】 【業法22、24の7、26、27の18、28、29の5、45、46】 【独禁法7の2、25、26、89〜98】 【民法709】 【刑法96の3、198】 【政治資金規正法】 【公職選挙法】	(1) 手続の透明性を高めるため、入札監視委員会規則、変更契約監視委員会規則、苦情処理機関規則に準拠し、監視機関等を活用していることを確かめる。また、当該諸機関の機能の有効性について評価する。 (2) 工事完成保証人に代え履行保証保険又は金銭保証を付することにしている場合、履行保証保険契約書、金銭保証契約書を閲覧し、当該保険及び保証の内容の妥当性を確かめる。 (3) 契約書、工事完成保証人届を閲覧し、工事完成保証人を相指名業者に限定していないことを確かめる。また、相指名業者から選定している場合は、その理由の妥当性を確かめる。 (4) 共同企業体については次の事項に留意する。 ①共同企業体による工事の場合、共同企業体運用基準、建設工事共同企業体取扱基準、共同企業体協定書に準拠し、その工事が大規模であり、かつ、技術上の必要性が高いものであることを確かめる。 ②共同企業体の結成に当たり、業者間の談合を誘発するような予備指名を行っていないことを確かめる。代表通知方式、公示募集方式等の採用を検討したことを確かめる。 ③単独で施工することができる企業がある場合、競争性を高めるため単体と共同企業体の混合による入札の採用を検討したことを確かめる。 (5) コンサルティング業務発注に当たり、工事実績データ、技術提案書、参加表明書等を閲覧し、随時契約ガイドライン、指名業者選定委員会規程、指名基準に準拠し、業

157

監査の着眼点【参照条文等】	監査手続等
	務内容を事前に公表し、受注希望者を募る公募型プロポーザル方式又は公募型競争入札方式を採用していることを確かめる。 (6) 談合情報が伝えられた入札があれば、それに適切に対応していることを確かめる。 (7) 業者の監理技術者について、新しい資格登録制度による監理技術者資格証の切替えができていることを確かめる。
11. 契約の締結について議会の議決等正当な承認を得ているか。 【法96①（5）、179、180①237、238の4～5】 【自治令121の2①】 【条例会計規則等】	(1) 議会の議決を必要とする契約については、契約書、予算書、工事着工届、議会議事録、伺書（稟議書）を閲覧し、議決前の仮契約手続の適正性を確かめる。 (2) 継続費の総額又は繰越明許費（建設改良費の翌年度繰越使用）の範囲内におけるものを除くほか、翌年度以降経費支出を伴う契約については、予算書、契約書添付書類を閲覧し、予算で債務負担行為として定めていることを確かめる。 (3) 条例等権限表、契約書を閲覧し、権限を超えた契約を締結しているものはないことを確かめる。 (4) 条例等権限表、契約書を閲覧し、一体の契約であるにもかかわらず、恣意的に分割しているものはないことを確かめる。 (5) 契約書、予算書、予算配当通知書を閲覧し、予算の配当額を超える契約、配当前における契約はないことを確かめる。
12. 契約の締結について契約書が確実に、かつ、適時に作成されているか。 【条例契約規則等】	(1) 条例等権限表、支払命令書を閲覧し、契約書作成省略要件に該当しないにもかかわらず、契約書の作成を省略しているものはないことを確かめる。 (2) 発注書、納品書、契約書との突合により契約締結前に物品を納入させたり、工事に着工させていないことを確かめる。
13. 契約の締結について契約条項は必要十分であるか。 【法234⑤】 【条例契約規則等】	(1) 契約書、伺書（稟議書）を閲覧し、個々の契約の性質、目的によって、必要、かつ、十分な内容が約定されていることを確かめる。
14. 契約の締結について契約金額は適正であるか。	(1) 契約書と予算書を照合し、契約金額の適正性を確かめる。 (2) 単価表、工事説明書を吟味し、予定価格の積算手続及びその内容の適正性を確かめる。 (3) 収入印紙は契約金額に対応して貼付され消印されていることを確かめる。

監査の着眼点【参照条文等】	監査手続等
15. 契約の締結について契約保証金は適正に受け入れているか。 【法234の2②、235の4②】 【自治令167の16、167の7】 【条例契約規則等】	(1) 契約書と預り証控を突合し、契約保証金の全部又は一部が納入されていないときは、それに代わるべき担保が確保されていることを確かめる。 (2) 財産調書、預り証控、担保物品預り台帳を閲覧し、契約保証金又は担保物件としての有価証券が納入されているときは、その保管、管理の適正性を確かめる。
16. 契約の締結について契約変更等が妥当であるか。 【法234の2②、235の4②】 【自治令167の7、167の16】 【条例契約規則等】	(1) 長期基本計画書、当初契約書、変更契約書を閲覧し、契約変更がやむを得ないものであり、また、当初から予定されていたものではないことを確かめる。 (2) 当初契約書と変更契約書の内容を比較、検討し、追加工事、設計変更等によって、当初の入札が無意味となっていないことを確かめる。 (3) 金額、期間その他の変更により、不利益又は浪費をもたらしているものがないことを確かめる。 (4) 契約の変更により事業執行に支障をきたしているものがないことを確かめる。 (5) 契約発注の時期及び契約変更時期が適切なことを確かめる。また、年度末に集中して発注又は契約変更がされていないことを確かめる。 (6) 契約変更等の事務手続が適時、かつ、適切に行われていることを確かめる。
17. 契約の締結について物品取得の手続等が適切であるか（物品購入契約特有）。	(1) 伺書、見積書、仕様書を閲覧し物品の購入手続、価格、規格、数量等の適正性を確かめる。 (2) 寄付物品については、寄付受納の手続の妥当性を確かめる。
18. 契約の履行について工事完成の時期、その他の契約の履行期限が守られているか。 【法234の2】【自治令167の15】 【条例契約規則等】	(1) 工事完了報告書と契約書、工事検査書、納品書、工事遅延処理書を突合し、工事完成時期の妥当性を確かめる。 (2) 工事完了報告書が契約に従い適時に入手されていることを確かめる。
19. 契約の履行について工事は設計図及び仕様書どおりに施工されているか。 【条例契約規則等】	(1) 現物実査及び仕様書、工事監督日誌、検査報告書、工事監督報告書を閲覧し、粗悪な材料の使用、施工の粗雑、手抜き工事等がないよう検査が適切に行われていることを確かめる。

第4章

財務監査等の着眼点

159

監査の着眼点【参照条文等】	監査手続等
20. 契約の履行について取得財産の検収は適正に行われているか。【条例契約規則等】	(1) 条件付検収の場合、着工届、工事工程表、検査報告書によりその後の留保条件の履行状況の妥当性を確かめる。
21. 契約の履行について契約代金及び前払金の支払いが適切であるか。【条例契約規則等】【支払遅延防止法】	(1) 契約書、検査書を閲覧し、部分払いの査定の妥当性を確かめる。 (2) 条例等権限表を閲覧し、契約の適正な履行確認後に支払が行われていることを確かめる。
22. 契約の履行について購入物品に関する契約の内容、納入時期等は妥当であるか（物品購入契約特有）。【法234の2】【自治令167の15】【条例契約規則等】	(1) 購入した物品が、契約書等の規格、数量等に合致していることを確かめる。
23. 監査、検査について担当する職員の任命が適正であるか。【条例契約規則等】	(1) 職員履歴等を閲覧し、不正事故防止のため職員の配置について格別の配慮がなされていることを確かめる。 (2) 個人別日程表により1人当たりの処理件数を検討し、異常に多い場合には監督、検査の手抜き等がないことを確かめる。
24. 監督・検査について監督が的確になされているか。【法234の2②】【条例契約規則等】	(1) 工事監督日誌、工事工程表を閲覧し、履行状況の把握が随時・的確になされていることを確かめる。 (2) 契約履行の遅滞及び不履行に対する契約の解除違約金の徴収等の処置の妥当性を確かめる。 (3) 契約解除後の処置状況の妥当性を検討する。 (4) 契約の目的物に瑕疵があるときは、速やかに瑕疵の補修又は損害賠償を請求していることを確かめる。
25. 監督・検査について検査・検収立会が的確になされているか。【法234の2】【自治令167の15】【条例契約規則等】	(1) 検査書、工事請負契約書を閲覧し、検査の実施時期に遅れはないことを確かめる。 (2) 検査又は検収の結果、不合格の場合（不適格品、目減り、粗雑工事等）の処理状況の妥当性を検討する。
26. 監督・検査について監督又は検査の補助事務を職員以外のものに委託した場合、履行及びその内容の確認が適切に行われているか。【自治令167の15④】	(1) 検査報告書、監督日誌、試験成績報告書（承諾願）を閲覧し、現場事務所に常駐すべき者が常駐していることを確かめる。

貸付金

回収事務の合規性等は保たれているか

　地方公共団体の行う直接融資は、そもそも融資に関する専門能力を有しているとは限らないことから、内部統制リスクが高いと言えます。したがって、**貸付に関する事務の合規性、回収事務の合規性**等が監査要点になります。

監査の着眼点【参照条文等】	監査手続等
1．制度融資に関する貸付事務は規則に準拠しているか。 【小規模企業者等設備導入資金助成法】 【中小企業総合事業団法】 【母子及び寡婦福祉法】	(1)　貸付事務は、法令等に従い処理されているか確認する。 (2)　貸付審査は、適切か確認する。 (3)　貸付に関する証憑の整理保管状況は適切か確認する。
2．制度融資以外の融資に関する貸付事務は規則に準拠しているか。	(1)　貸付事務は、法令等に従い処理されているか確認する。 (2)　第三セクターに対してある時払いのような契約のものはないか確認する。 (3)　借換の繰返しがないか確認する。 (4)　他会計に対する貸付条件は妥当か確認する。
3．債権管理は、規則に準拠しているか。またその管理手続は効率的になされているか。 【法231の3】 【自治令171、171の2、171の4〜5】	(1)　貸付金の回収規程は整備されているか確認する。 (2)　貸付金の台帳管理は適切か確認する。 (3)　延滞先の状況把握は適切になされているか確認する。 (4)　回収規程に従った事務処理がなされているか確認する。

第4章　財務監査等の着眼点

161

委託料

経済的な契約内容になっているか

　契約事務は支出の原因となるものであり、また、毎年多額の委託料を支出している地方公共団体が多いため、**近年の地方公共団体の財政危機のなか、より経済的な契約が求められています**。なお、契約そのものの論点については、別項「契約」（154ページ）をご参照ください。

監査の着眼点【参照条文等】	監査手続等
１．契約の方式及び相手方の選定方法は適正か。 【法234①、244の2③】 【自治令167、167の2】 【道路交通自治法】 【道路交通自治法施行規則】	(1)　契約方法の選定が適法、かつ、妥当であることを確認する。 (2)　地方自治法上、契約の方法は一般競争入札が原則的方法とされており、指名競争入札、随意契約等は一定の事由がある場合に限りすることができるが、財務規則及びガイドラインに基づき選定しているか確認する。 (3)　公の施設の管理委託の場合、「指定管理者制度」に準拠した相手先となっているか確認する。 (4)　安易に随意契約を選定している傾向がないか確認する。 (5)　1つの取引先と長期にわたって随意契約することの合理性があるか確認する。 (6)　入札方式に変更し委託料圧縮を図れる随意契約はないか確認する。 (7)　（分析）委託先別、委託業務の内容と委託金額の推移を確認する。
２．委託理由に合理性があるか。 【法243】 【自治令158、165の3】	(1)　公権力の行使に当たるような又はそのおそれのあるような事務の委託がないことを確認する。 (2)　委託は次のような理由に合致するか確認する。 ①多量な事務を短期間で処理するため ②単純作業であるため ③事務を効率的に処理するため ④変則的な勤務条件が必要なため ⑤高度な専門的技術が必要なため ⑥臨時的な業務であるため ⑦行政サービス向上のため

監査の着眼点【参照条文等】	監査手続等
3．委託事務に必要な件数、金額が予算上明確になっているか。 【法239】 【自治令170〜170の5】 【条例会計規則等】	(1) 予算執行計画書、執行伺書を閲覧し、月次での予算執行計画の妥当性を検討する。 (2) 新規委託契約予定分については、委託内容及びその効果及び影響を検討し、新規委託契約の合理性を検討する。 (3) 委託契約の支払条件の妥当性を確かめる。
4．委託料の算定方法は適正か。	(1) 委託料の積算基準、積算資料等の整備状況及びその運用は適切に行われているか確認する。 (2) 地方公共団体組織の一部と見られる法人、公益的法人等は委託契約により利益留保を図る必要性は少ない。この考え方が委託料に反映されているか確認する。 (3) 妥当な委託料算出のため、委託先では委託業務毎の原価把握が適正に行われているか確認する。 (4) 契約に至った委託料の積算根拠は妥当で合理的なものか確認する。
5．委託契約は適法であり、支払いは正確か。 【法232の5②、244の2③】 【自治令161〜165の2】	(1) すべての業務委託について委託契約が締結されているか、相手が関連団体のため契約手続が省略されていないか確認する。 (2) 委託料は契約どおりに支払われているか確認する。 (3) 委託業務の履行確認の後支払いが行われているか確認する。
6．委託料は業務の内容に対し適正な水準か。委託先では業務コストの削減努力が行われているか。	(1) 業務内容の変化に委託料は整合してきているか、時系列に検討する。業務内容一単位当り委託料の時系列的推移に異常はないか確認する。 (2) 同一内容について他の地方公共団体事例と比較し、委託料の水準は妥当か確認する。 (3) 委託先で把握している契約ごとの業務遂行コストの内容を分析して管理コストも含めて必要にして十分な水準を逸脱していないかを検討する。 (4) 委託先で委託業務が外注に付されている場合、適正な発注方法が取られているかどうか、外注先の指揮監督が行われているかどうかを検討する。 (5) 外注に入札方式の導入、作業手順の見直し、間接人件費等の管理コストの節減、働く人の動機付けによる作業効率の向上、派

第4章 財務監査等の着眼点

監査の着眼点【参照条文等】	監査手続等
	遣労働者、パート従事者の採用による単純作業の変動費化などによる業務コスト削減努力が行われているか、その余地はあるかを検討する。 (6)（分析）委託先別、委託業務の内容と委託収支の推移 (7)（分析）委託科目別、予算額及び決算額比較表
7. 当該委託契約は予定した行政目的達成に貢献しているか。	(1) 安易に従来の方法を踏襲することなく、効率性など新たな観点から、委託先、委託範囲、方法などに検討を加え行政目的達成度を高める方策が採られているか確認する。
8. 委託成果品の検査及び委託契約の履行について適時、適切に確かめられているか。 【法234の2】 【自治令167の15】	(1) 委託契約書どおりに完了していることを確かめる。特に、継続契約については完了報告書が遅滞なく入手されていることを確認する。 (2) 委託成果品の検査及び委託業務の履行確認が適正に行われているか確認する。 (3) 調査研究委託成果品の活用が有効に行われていることを確認する。

コラム　合規性が問われた事例

合規性とは、法令等の規範に従って事務が執行されていることを指します。

T市の事例

多くの施設には、現金、切手、入場券などの現物が保管されている。現金はもちろんのこと、切手等に関しても容易に換金可能であることから、不適正な行為の対象となりやすいものである。そのため、現金だけでなく切手等を含めて厳格な管理が求められる。

実地調査において、現物に関する受払簿の未作成や、受払簿と現物残高との不整合が散見された。また、現物自体の保管方法に関しても、施錠のできる金庫等で保管していない状況も見受けられた。

不適正な行為を行う可能性の排除をする観点からも、受払簿の作成による継続記録や定期的な実物検査を実施するとともに、金庫等での厳格な保管環境の整備が望まれる。

例外も含めて、ルールどおりの運用が行われているか？
こうした視点で監査等を行う必要があります。

施設管理

📄 人件費等と使用料収入の費用対効果分析等の妥当性を問われる

　住民が利用する各種施設の多くは公の施設に該当します。**管理運営が条例等に準拠して適切に行われているか、人件費や利子等のトータルコストと使用料収入の費用対効果分析**等が監査要点となります。

監査の着眼点【参照条文等】	監査手続等
1．施設の維持管理、修繕は適切に行われているか。 【法244の2①】	(1)　施設の管理運営の実情を把握するため、現場視察を実施する。 (2)　施設の運営形態、収入、業務委託、修繕の執行状況を検討し、財務事務の執行の合規性を検証する。
2．現金等（金券類を含む）の管理は適正に行われているか。	(1)　施設における現金等の現物の管理状況を検討するため、現金実査を行う。 (2)　施設における現金等の管理について、担当者への質問及び関係書類との照合を行う。
3．財政援助団体における出納その他の事務の執行は適正に行われているか。 【法244の2③、252の37④】	(1)　財政援助団体の状況を把握するため、監査対象とした財政援助団体に往査する。 (2)　施設の管理委託について、担当者への質問、契約書及び関係書類との照合を行う。
4．施設は当初の目的どおりに利用されているか。 【法244】	(1)　各施設の過去3年間の収入、施設維持管理経費、年度別の利用実績調査票等の提出を求め、経済性、効率性、有効性の観点を加味し、関係諸帳簿及び証拠書類との照合を行う。 (2)　各施設の収支状況の年次比較、諸比率比較、他の施設との比較分析を実施する。
5．設置管理条例に基づき適切に運営がなされているか。 【法244、244の2①】	(1)　施設の管理運営の実情を把握するため、現場視察を実施する。 (2)　諸規程、決算書、予算書、議会議事録その他必要書類を閲覧する。 (3)　帳簿閲覧、質問、聞取り調査等のほか、必要と認めた監査手続を実施する。
6．施設の運営コストは適切な水準か。 7．1人当たり運営コスト（住民・利用者）は適切な水準か。 【総務省「地方公共団体の総合的な財政分析に関する調査研究会報告書」】	(1)　過去3年間の利用者数、収入、維持管理経費等の経年推移の分析を行う。 (2)　総務省「地方公共団体の総合的な財政分析に関する調査研究会報告書」の考え方に基づき、施設の管理運営コストを試算する。

人件費

大きな比重を占めるからこそ要注意

人件費は、**地方公共団体の歳出総額の20〜30％台**と金額面で大きな比重を占め、給与水準や定員管理等の政策に起因することが多く、**合規性の側面と能率性及び合理性の側面**が監査要点となります。

監査の着眼点【参照条文等】	監査手続等
１．給料（基本給）、諸手当、共済費負担金（社会保険料）の算定や支給手続は適切に行われているか。 【法203〜207】 【地方公営企業法38】 【所得税法183】 【公益法人等への一般職の地方公務員の派遣等に関する法律】 【給与条例、給与規則、給料表】 判例 昭和31.9.28通知 非常勤職員に対する報酬額につき、常勤職員の期末手当を考慮して、６月と12月の支給額を他の月よりも多くするような規定はすべきでない。 判例 昭和31.7.18行実 議員についてはその性質上定額旅費又は定額通信費を支給すべきでない。 判例 昭和31.9.28通知 企業職員の給与については、本条の特例規定として地方公営企業法38が適用される。	(1) 支給額の算定資料（給料表、各種規程）を確認する。 (2) 対象となる部署等の給料の推移や、職員１人当たり給料の他の地方公共団体と民間等との比較等の分析を行う。 (3) 支給額の算定根拠となる受給資格要件等について確認する。 (4) 支給額から源泉徴収すべき税金等の控除及び納付は適正に行われているか確認する。 (5) 給与マスターデータを基にして給料及び諸手当の計算が適切に行われているか確認する。 (6) 手当は設定当初の趣旨に沿ったものといえるかを検討する。 (7) 会計間での不当な負担の振替は行われていないか確認する。 (8) 外郭団体等に職員を派遣している場合、給与の支給方法がいわゆる「公務員派遣法」に違反していないか確認する。 (9) 給与事務手続を外部委託している場合、委託業者の選定は適切か。また、委託先において秘密保持は厳守されているか確認する。 (10) 共済費負担金の負担額は適切に算定されているか確認する。また、地方公共団体の負担割合が民間や他団体と比べて不当に高くないかを検討する。
２．時間外勤務手当の算定や支給手続は適切に行われているか。 【時間外勤務手当条例（給与条例）】	(1) 支給額の適正性について確認する（勤務時間や支給単価の計算、承認手続等）。 (2) 対象となる部署等の時間外勤務手当の推移や、職員１人当たり時間外勤務手当の他の地方公共団体と民間等との比較等の分析を行う。

監査の着眼点【参照条文等】	監査手続等
判例 平成7.4.17最裁判 市長が条例に基づくものとして、休憩時間を繰り下げて午後零時から午後1時までの時間に窓口業務に従事した職員に対し継続して特殊勤務手当を支給したことは、市長の権限を越えて違法な公金支出に当たる。	(3) 勤務時間の正確性について、時間外勤務命令簿等と確認する。 (4) 特に残業時間の多い職種、部署、担当者等がある場合、合理的な理由に基づいたものか確認する。
3．特殊勤務手当の算定や支給手続は適切に行われているか。 【特殊勤務手当条例（給与条例）】	(1) 特殊勤務手当の種類や支給要件等について確認する。 (2) 対象となる部署等の特殊勤務手当の推移や、種類、職員1人当たり支給額を他の地方公共団体及び民間等と比較し、その分析を行う。 (3) 特殊勤務手当の支給額の算定方法について、関係書類等と確認する。 (4) 各種手当の申請書の作成手続及び承認手続が適切に行われているか確認する。 (5) 対象者や支給額が少なすぎて存在意義が形骸化した手当、勤務に特殊性が認められない等、合理性の認められない手当がないか検討する。 (6) 支給額が、勤務内容や国又は他団体と比較して妥当な水準か検討する。
4．退職手当の算定や支給手続は適切に行われているか。	(1) 支給要件や計算方法について確認する。 (2) 対象となる部署等の退職手当の推移や、職員1人当たり支給額の他の地方公共団体及び民間等との比較、今後必要となる金額等の分析を行う。 (3) 支給額の算定方法について確認する。 (4) 特別職の退職手当の支給要件や支給額は適切かを検討する。 (5) 合理性の認められない特別昇給等、職員に不当に有利な金額が支給されていないか確認する。 (6) 今後の職員の大量退職に際して、地方公共団体側の財源確保は十分か検討する。 (7) 地方公営企業において、必要な退職給与引当金が設定されているか確認する。

第4章

財務監査等の着眼点

監査の着眼点【参照条文等】	監査手続等
5．人事管理は適切に行われているか。	(1) 嘱託職員や臨時職員の採用は、業務内容や必要性を考慮し、適切に行われているか検討する。 (2) 繁忙時期に合わせて職員数を変更する等の効率的な職員配置を行っているか検討する。 (3) 昇給、昇格手続は規程に基づき適切に遂行されているか。特に枠外昇給が恣意的あるいは不平等な運用になっていないか検討する。 (4) 昇給、昇格制度が人材の有効活用、モチベーション、人件費抑制の観点から合理的なものといえるか検討する。 (5) 職員の勤務評定は適切に行われているか。判断基準は具体的か確認する。 (6) 保育職員、用務員等の配置人数が地方公共団体の基準に適合しているか確認する。

コラム　**非財務データの活用**

　『不正調査ガイドライン』にも示されているように、不正会計と対峙するには、売上高や利益といった「財務データ」だけではなく、数量・気温・頻度などの「非財務データ」を利用して分析することも有効策の1つです。

　たとえば、従業員数・物量データのような非財務データにも注目してください。旅費のように、一定程度従業員数に応じて発生すると考えられる経費項目の場合、従業員1人当たり経費を分析することで資産流用に関連する異常点を把握できる可能性がある点が『不正調査ガイドライン』で示されています。

　財務データの大半は「単価Price×数量Quantity」で表現できます。だとすれば、従業員数などの「数量・物量Q」に相当する非財務データも活用して分析する必要もあります。

　ピボットテーブル等を用いて、分析してみるのも一考です。部門別・拠点別に旅費のような経費等を集計し、このデータにVLOOKUP関数で部門別・拠点別の従業員数データを紐付け、それぞれに所属する人数で除算する。そうすれば、従業員1人当たり旅費のような指標を計算できます。こうした指標を、部門間比較・月次推移比較等を通じ分析すれば、異常点を把握できる可能性も高まります。

　財務・非財務のデータを用い、様々な視点で分析してみる、その際ＣＡＡＴを活用する、こうした姿勢が不正会計と上手に対峙するための基本姿勢です。

169

需用費

📋 カラ懇談会等の不正支出が批判を受けたケースも

　需用費には、消耗品費、燃料費、食糧費、印刷製本費、光熱水費、修繕料、賄材料費、飼料費、医薬材料費という種類があります。

　たとえば、食糧費はカラ懇談会など公費の不正支出も報道され、社会から批判を受けた経緯があり、**需用費の予算執行が適正及び適法であり、かつ、効率的になされているか**監査する必要があります。

監査の着眼点【参照条文等】	監査手続等
1．需用費（会場借上げ費を含む食糧費）において契約方法、事務処理は適正に行われているか。 【法232の3、232の5】 【条例会計規則等】 【予算調整及び執行条例】 【条例契約規則等】 【民法】 判例 高判 平成1.4.11、平成2.5.17 最高裁 平成6.2.8上告棄却 食糧費情報公開 会議接待費及び懇談会費についての公文書の請求をしたところ、支出伝票とこれに添付する債権者の請求書及び支出伺（本件文書）に特定し、条例18条①、18条④、18条⑤に該当するとして非公開を決定したため出訴。第一審、原審とも請求を認容。	(1)　関係法令、契約規則等必要な規定を理解する。 (2)　予算執行伺書により、実施の手続は、必ず事前にとっていることを確かめる。 (3)　随意契約ガイドライン、契約書、請書、見積書、伺書（稟議書）の内容を検討し、契約方法及び契約業者の選定手続が、適正に実施されていることを確かめる。 (4)　契約に伴う会計事務処理は、規定に従い適正に実施されているか契約書、関係資料により確認する。 (5)　契約に伴う見積書等関係書類の徴収等は、適正に行われているか関係資料により確かめる。 (6)　資金前渡しによる方法の場合、前渡金の管理及び精算等は、規定や定められた手続に従い適正に行われているか確かめる。 (7)　会議参加者から分担金を徴する場合、分担金の処理は、適正に行われているか、会議の文書、領収書控等により確かめる。
2．需用費（会場借上げ費を含む食糧費）において会議の開催に係る起案文書の記載内容と実施内容は一致するか。	(1)　会議の実施後速やかに報告されているか会議報告書により確認する。 (2)　会議の実施年月日、実施場所、実施目的、参加者・参加人数等について起案文書の内容と実際の実施内容に相違はないか、会場使用料の領収書、会議参加者の署名した用紙、会議用資料等により確かめる。

監査の着眼点【参照条文等】	監査手続等
3．需用費（会場借上げ費を含む食糧費）において契約者に対する支払は適正か。 【法232の3～5】 【自治令161①】	(1) 請求書の内容は、起案文書と整合性がとれているか。 (2) 報告された日時、出席人員、請求金額等は、証拠書類と一致するか。 (3) 証拠書類は、整えられているか、係数等に誤りはないか。 (4) 契約業者に対する支払は、契約の履行確認後に適正に実施されているか確認する。 (5) 契約業者に対する支払いは、地方公共団体の長、出納長又は収入役の押印がなされていることを確認する。 (6) 登録印鑑と使用印鑑の照合を行う。 (7) 資金前渡による場合、前渡金の管理及び精算手続は、規定や定められた手続に従い適正に行われていることを確認する。
4．需用費（会場借上げ費を含む食糧費）において会議実態の状況は、適切なものとなっているか。 【法2⑭】 【食糧費支出基準】	(1) 会議の目的は、公的必要性の観点に照らして問題はないか確認する。 (2) 支出基準は、社会通念上適切か、また、その支出基準に基づいて実施されているか確認する。 (3) 支出等は、会議の目的、参加者などを勘案した場合、適切なものとなっているか確認する。 (4) 執行は、経済的、効率的になされているかを検討する。 (5) 分析する。 • 食糧費の月別発生額の推移 • 食糧費の歳出総額に占める割合 • 食糧費の年度別、予算額と決算額の推移、基準年度を100とした場合の割合
5．需用費（会場借上げ費を含む食糧費）において関係帳簿の記載は、支出（支払い）調書の金額と一致するか。 【条例会計規則等】 【条例契約規則等】	(1) 支出に関する関係帳簿の整備状況について関係者に質問をする。 (2) 関係帳簿の記載は、支出（支払い）調書の金額と一致するか確かめる。
6．需用費（消耗品費等）において検査検収は適正に行われているか、物品供給の事実のないものはないか。 【法234、234の2】 【自治令167の15】	(1) 契約書、納品書等により検査検収が確実に行われ、かつ、物品の供給がなされているか確認する。

171

監査の着眼点【参照条文等】	監査手続等
7．需用費（消耗品費等）において支出事務手続が、法令、条例、規則等に準拠して行われているか。 【法232の3、234①〜②】 【自治令167、167の2】 【条例契約規則等】	(1) 歳出予算執行整理票、支出負担行為票及び支出命令票との記載額を照合するとともに、契約書、請求書、見積書及び領収書等を突合し支出事務手続の適法性を確かめる。 (2) 一定額以上の物品について、証憑書類と照合するとともに、支払手続の適法性を確かめる。
8．需用費（消耗品費等）において物品の購入は、計画的、かつ、効率的に行われているか。	(1) 消耗品の購入は、購入計画に基づいて、効率的に実施されているか根拠証憑により検討する。 (2) 全課を対象として、消耗品等の発注及び管理についてアンケートを実施する。 (3) 分析する。 ・消耗品費の月別発生状況 ・消耗品費の歳出総額に占める割合 ・消耗品費の年度別、予算額、決算額の推移、基準年度を100とした場合の各年度比
9．需用費（消耗品費等）において在庫量は、需要予測に基づき適正であるか。	(1) 消耗品の期末決算額について前年同期と比較し、著しい増減の有無、及びその理由が合理的であることを確かめる。 (2) 消耗品について回転率又は回転期間の分析を実施し在庫量の適正性を確かめる。必要と認めた場合は、倉庫を対象として、消耗品の管理状況を視察する。
10．需用費（消耗品費等）において特に年度末において当面必要としない物品を購入してないか。	(1) 消耗品費について、年度別決算額の比較、予算額の比較、月別の推移の比較、構成比率分析等の手続を実施し、その変動の原因を明らかにする。 (2) 必要と認めた場合は、消耗品費の支出を証する書類と照合する。
11．需用費（消耗品費等）において支出を裏付ける証憑は適切に整備保管されているか。	(1) 支出を裏付ける歳出予算執行整理票、支出負担行為票、支出命令票、契約書、請求書、見積書、領収書等の証憑が適切に保管されているか確認する。
12．需用費（消耗品費等）において物品の受払いが適切に行われ、関係帳簿類が整備されているか。また記帳に誤りはないか。 【法208、213】 【自治令146】 【条例会計規則等】	(1) 関係者に関連帳簿の整備状況について質問をする。 (2) 関係書類の証憑との突合の結果を基に、担当者に質問を行う。また、上記について、関係帳簿への記帳の妥当性を確かめる。

清掃事業

廃棄物の問題は、資源や環境の保全に大きくかかわる

安全かつ効率的、効果的に清掃事業がされているか等が監査要点となります。

監査の着眼点【参照条文等】	監査手続等
1．清掃事業が「一般廃棄物処理基本計画」に基づき適正に実施されているか。 【環境基本法】【循環型社会形成促進基本法】【資源有効利用促進法】【廃棄物の処理及び清掃に関する法律】【個別リサイクル法】【自治体の清掃行政関連条例】	(1) 基本計画の策定資料の検討、分析 (2) 保守点検契約の執行状況、点検結果報告の検討
2．一般廃棄物処理手数料に係る徴収事務は規則に従い適正に実施されているか。手数料の徴収根拠は明確となっているか。	(1) 手数料の調定・徴収表を関係資料と照合 (2) 滞納先の検討
3．委託契約の方法は競争性のある方法を採用しているか。また、設計積算は効率性を加味しているか。	(1) 委託契約における契約書、見積価格、入札状況などの検討 (2) 清掃工場建設事業費の検討
4．直営収集と委託収集とのコスト面及びサービス面の比較・検討は行っているか。	(1) 収集車両××台当たり原価計算の検討 (2) 委託契約について過去××年間の委託先・金額の検討 (3) 原価計算による分析 (4) 原価に減価償却費と退職手当を含めた計算の実施
5．給与・手当等の人件費は規則等に従い適正に支払われているか。手当の支給根拠は明確となっているか。	(1) 出勤簿、配車日報、収集日報、時間外勤務命令簿、特殊勤務手当の検討
6．財産管理・備品管理は規則等に従い適正に行われているか。パッカー車等の収集車両の安全性は十分か。また、中間処理場、最終処分場における汚染物質等の有害物質の流出に対する対策は万全か。	(1) 材料品の保管管理についての検討 (2) 公有財産台帳の整備、各種材料の受払いと在庫管理の把握
7．情報処理システムのセキュリティ対策は十分か。また、システム導入時には経済性、効率性を考慮しているか。	(1) 情報管理システムの利用実態の調査
8．その他（①ごみ有料化の効果等、②リサイクルから発生抑制（リデュース）や再使用（リユース）へ、③埋立最終処分場土地賃借料の決定方法の明確化）	(1) 政策効果や費用対効果の視点から検討

第4章　財務監査等の着眼点

173

旅費

カラ出張等の不正支出が批判を受けたケースも

　地方公共団体では旅費に関する支出が不透明であり、カラ出張等の公費の不正支出が批判を受けている経緯があります。**旅費の予算執行が、適正及び適法であり、かつ、効率的に行われているか**を監査する必要があります。

監査の着眼点【参照条文等】	監査手続等
１．旅行は、出張目的に沿った旅行命令に基づき適正に行われているか。 【法203③、204①、204③】 【自治令162】 判例 高判 平成5.1.28、最高裁 平成9.9.30上告棄却 議員の研修旅行 本件旅行の実態は、一般の観光旅行に過ぎないとして、本件旅行を決定した議会の議決に裁量権の逸脱を認めながら、議員等について、各自旅費相当額の支払を命じ、長及び収入役の責任はないとした。	(1) 関係法令、条例、規則、規定等を理解する。 (2) 支出負担行為書、伺書（稟議書）及び質問により、出張目的を確認する。 (3) 旅行命令簿を閲覧し、出張目的に沿った旅行命令が行われているか確認する。
２．出張者による復命（出張報告）は、適切に行われているか。	(1) 出張者による復命書の記載の内容を閲覧し、出張目的が十分に達成されているか確認する。 (2) 復命書の記載は、その内容を調べる。
３．予算の執行について所定の手続に従って支出され、旅費支出を履行確認ができる証憑は、整然と整理保管されているか。 【旅費条例】 【旅行規則、旅行規定】 【国家公務員等の旅費に関する法律参照】 【条例会計規則等】 【条例契約規則等】	(1) 旅費の支出は、法令又は予算執行計画に基づいているか、その額を超えていないか確認する。 (2) 旅行の時期は適正か又は漏れはないか確認する。 (3) 事実と相違した支出、不適当と認められる支出はないか確認する。 (4) 支出を裏付ける旅行命令書、支出（支払い）調書、予算執行検索表、休暇処理簿、時間外勤務命令簿、公用車運行管理簿、出勤簿、宿泊証明書、航空機を利用した場合の半券、旅行命令に対する復命書等が整理保管されていることを確かめる。 (5) 出張先に対して必要に応じて旅行事実の確認を行う。 (6) 分析する。 • 旅行事実の確認の結果を取りまとめた表

監査の着眼点【参照条文等】	監査手続等
4．執行は、経済的、効率的になされているか。 【法2⑭】	(1) 支出負担行為書、旅行命令書、復命書等を閲覧し、目的、期間、時期、人員等必要性が明確でない又は乏しい旅費の支出はないか確認する。 (2) 必要に応じて関係者に質問する。 (3) 分析する。 ・旅費の月別発生状況及び歳出総額に占める割合 ・旅費の年度別予算額、決算額の推移、基準年度を100とした場合の各年度比 ・同規模の他の自治体との比較
5．支出に関する関係帳簿の記載に誤りはないか。	(1) 支出に関する関係帳簿の整備状況について関係者に質問する。 (2) 関係帳簿の記載は、支払（払出し）調書の金額と一致しているか確かめる。
6．旅費の計算及び支給及び精算手続について旅費の計算は適正に行われているか。 【法203③、204①、204③】	(1) 関係法令、条例、規則、規定等旅費の計算の根拠規定を理解する。 (2) 必要事項を関係者に質問する。 (3) 旅費が旅行条例、旅行規則等に基づき適正に計算されていることを確かめる。 (4) 旅費の算定資料の計算調べを行う。
7．旅費の支給及び精算手続は、規定や定められた手続に従って適正に行われているか。 【法232の4〜5】 【自治令161、162】 【旅行条例、旅行規則、旅行規定】	(1) 関係法令、条例、規則、規定等を理解する。 (2) 旅費規程に基づいて旅費の支給が行われていることを確かめる。 (3) 旅費の精算手続が、速やかに行われていることを関係資料により確認する。

第4章 財務監査等の着眼点

土地
......

📝 未利用状態が長期に及ぶこと等があるがゆえに要注意

　土地のような公有財産は、公用又は公共用に供し又は供することを決定した行政財産と、それ以外の普通財産に分類されます（法238①、②）。

　行政財産は、行政目的の達成のために利用されるべきもので、貸付、交換、売払、譲与等が禁止されています（法238の4①）が、その用途又は目的を妨げない限度において使用を許可することができます（法238の4④）。

　一方、普通財産は、貸付、交換、売払、譲与等ができます（法238の5①）が、これらを行うときには条例又は議会の議決が必要な場合が多い（法237②）ので注意が必要です。

　公有財産のなかでも、**土地は取得に多額の資金を要し、流通性も乏しく、計画変更等の融通性にも欠け、未利用状態が長期に及ぶことがある**等、これらが監査要点となります。

監査の着眼点【参照条文等】	監査手続等
1．土地の取得は法令・規則等に従い適正に行われているか。 【法96、149】 【公企法9、33】	(1) 土地の取得手続が関係法令、条例、規則等に従って適切に行われているか確かめる。 (2) 取引の証憑書類が適切に整備・保管されているか確かめる。 (3) 取得の時期、譲渡人、価額が適正か確かめる。 (4) 土地の取得に伴う登記が適時、適切になされ、権利が保全されているか確かめる。 (5) 取得した土地が使用目的に合致したものか確かめる。 (6) 土地取得の必要性、計画性が十分検討されているか確かめる。 (7) 土地に関連した決算推移（土地残高、取得額）を分析する。
2．土地台帳等が整備され、土地の管理が適切に行われているか。 【法149、237、238の4、238の5】 【公企法9、33】 【地財法8】	(1) 土地台帳等が整備され、取得、処分、所管換え等について正確に記録されているか確かめる。 (2) 行政財産・普通財産の分類は誤っていないか確かめる。 (3) 管理責任者が明確となっているか確かめる。 (4) 登記簿謄本、公図等と照合し、必要に応じて現地の視察、実地調査を行う。

監査の着眼点【参照条文等】	監査手続等
3．土地の貸与（普通財産）・使用許可（行政財産）には合理性があり、かつ、適法になされているか。【法225、228、237、238の4、238の5】 判例 昭和49.2.5 最高裁判決 昭和44（オ）6.28 借地権確認土地引渡等請求 都有行政財産である土地について建物所有を目的とし期間の定めなくされた使用許可が当該行政財産本来の用途又は目的上の必要に基づき将来に向かって取り消されたときは、使用権者は特別の事情のない限り、右取消しによる土地使用権喪失についての補償を求めることができない。	(1) 貸付の理由は適切か確かめる。 (2) 貸付財産について契約書と照合し、貸付期間、貸付料その他の貸付条件の妥当性を確かめる。 (3) 貸付料、保証金の減免について、その理由、減免金額は適正か確かめる。 (4) 貸付台帳の整備状況を確かめる。 (5) 無断使用、転貸、用途変更等の有無及び防止の措置方法が取られているか確かめる。 (6) 貸付財産の推移を分析する。
4．土地は効率的に利用されているか。遊休・未利用土地は適切に管理されているか。また、活用、転用あるいは売却が図られているか。【法96】【自治令170の4】【地財法8】	(1) 未利用土地の経緯、現況及び今後の対策等に関して証憑書類を査閲し、関係者へヒアリングを行い、現場視察を行う。 (2) 未利用土地について行政財産と普通財産の区別の妥当性を検討する。 (3) 財産台帳をベースに土地の実査を行い、その管理状況を調査する。 (4) 遊休・未利用土地リストを閲覧し、有効利用の検討が行われているか確かめる。 (5) 地価の入手により含み損益を把握する。
5．土地の処分は適法になされているか。【法96、149、170、237、238、238の4、238の5、239、241】【公企法33】 判例 平成10.11.12 最高裁判決 平成6（行ツ）239 損害賠償 市がその施行する土地区画整理事業において取得した保留地を随意契約の方法により売却する行為は、住民訴訟の対象となる「財産の処分」及び「契約の締結」に当たる。	(1) 公有財産事務規則等処分に関する規則を入手し、処分手続を把握する。 (2) 支出負担行為兼支出命令決議書等の決裁文書、契約書と照合し適正性を確かめる。 (3) 廃棄申書書類を閲覧する。 (4) 土地に関連した決算推移（土地処分）を分析する。
6．土地開発基金の保有土地で長期保有となっているものがないか。【法241】【基金の設置条例】	(1) 長期保有土地の有無を確かめ、取得の経緯、長期保有となった原因等を調査する。 (2) 長期保有土地の処分予定、有効活用について検討が行われているか確かめる。

第4章 財務監査等の着眼点

教育関係

📋 教育支出は一般会計で大きな割合を占める

　教育関係は、**教職員人件費支出の合規性や研究補助金の交付・管理の有効性**等、監査要点は多岐にわたります。一般的には前述の公有財産・物品・基金の取得管理（146ページ）、使用料・手数料の徴収（148ページ）、補助金・負担金（152ページ）、契約（154ページ）、委託料（162ページ）、人件費（166ページ）、需用費（170ページ）の監査要点と同じです。

監査の着眼点【参照条文等】	監査手続等
１．教職員等の給与等は法令、条例、規則等に基づき適切に処理されているか。 【公会計委員会研究報告第11号『地方公共団体包括外部監査に関する監査手続事例』の「Ⅷ 人件費」】	(1) 給料等の支給に必要な扶養親族届・通勤・住居届の有無を確認する。 (2) 特殊業務手当整理簿を通査し、承認の有無、支給の妥当性を確認する。 (3) 退職時の特別昇給について、回議書によって、教育長の決裁が得られていることを確認する。 (4) 非常勤講師及び臨時的任用職員の採用、報酬の支払等について、「発令伺い」、「出勤簿」、「非常勤講師報酬調書」、「通勤届」等により、法令、規則等に従って行われているか確認する。
２．補助金等、負担金、需用費、備品購入費及び委託料等の支出は、法令、条例、規則及び要綱等に基づき適切に処理されているか。また、これらの支出は効果的になされているか。 【公会計委員会研究報告第11号『地方公共団体包括外部監査に関する監査手続事例』の「Ⅴ 補助金・負担金」、「Ⅵ 契約」、「Ⅶ 委託料」】	(1) 事業計画書・収支予算書と実績報告書・収支決算書とを比較吟味し、補助事業者が適正執行しているか確認する。 (2) 補助対象事業及び補助対象事業費が交付要綱あるいはガイドラインに沿って支出されているか確認する。 (3) 受託団体の存在意義、機能、事務処理体制の有効性を確認する。 (4) 視察研修が適正に行われているか確認する。
３．教育財産の取得及び維持管理は適切に行われているか。 【公会計委員会研究報告第11号『地方公共団体包括外部監査に関する監査手続事例』の「Ⅰ 公有財産・物品・基金の取得管理」】	(1) 「備品整理簿」の記載内容を確認する。 (2) 物品の廃棄手続、遊休物品の取扱いについて確認する。 (3) 公有財産の台帳管理について、閲覧、質問、物件の現地調査、登記されている物件につき登記簿謄本との照合、増加取引につき証憑との照合、関連法令等との合規性を

178

監査の着眼点【参照条文等】	監査手続等
	検討する。 (4) 教員・職員宿舎貸与について、質問、貸付料調定決議書の閲覧、貸付料再計算、宿舎台帳・貸与申請書の閲覧、関連法令等との合規性を検討する。 (5) 行政財産の目的外使用許可及び使用料減免について、質問、許可申請書・決裁文書等関連資料の閲覧、関連法令等との合規性を検討する。 (6) 所有物品の管理について、質問、備品一覧表ほか管理資料の閲覧、物品の現物調査、関連法令等との合規性を検討する。 (7) リース物品の管理について、質問、リース契約書類の閲覧、リース物品の現物調査、関連法令等との合規性を検討する。 (8) 各学校の余裕教室（空き教室）の利用状況を調査し、余裕教室が有効に利用されているか検討する。 (9) 校舎等の耐震工事の内容を検討し、耐震工事が適切に行われていることを確認する。
4．学校給食は効率的・経済的に運営されているか。 【学校給食法】 【学校給食業務の運営の合理化について（昭60.1.21 体育局長通知）】	(1) 「臨時的任用の職の設置及び職員の任用伺い」を通査し、給食調理員の任用基準、任用申請、任用時間の合規性を検討する。 (2) 学校給食の事務管理に関する手続を聴取し、取引記録について運用状況を調査する。 (3) 学校別コスト計算を実施し、業務の執行状況を検討する。
5．学校徴収金及びＰＴＡ会費・補助教材費等の金銭の徴収・管理は適切に行われているか。 6．授業料等の減免手続は条例、規則等に基づき適切に処理されているか。 【各自治体の財務規則】	(1) 授業料徴収について、調定決議書の閲覧、調定決議書と学籍簿との照合、合計調定金額と歳入整理表の照合、調定件数と学生数の照合を行う。 (2) 授業料減免について、質問、減免申請書・減免決裁文書・調定決議書の閲覧、照合を行う。 (3) 授業料未納債権管理について、質問、督促状発送決裁文書及び督促対象債権リストの閲覧、照合を行う。 (4) 入学金について、質問、調定決議書の閲覧、願書・住民票（県内出願者）の照合、調定件数と新入学生数の照合、調定額と歳入整理表の照合を行う。

監査の着眼点【参照条文等】	監査手続等
	(5) 入学者選抜手数料について、質問、証紙貼付実績報告書の貼付実績記録と願書及び消印された収入証紙現物との照合、関連法令等との合規性を検討する。
7．受託研究費・科学研究費補助金（科研費）の管理は適切に行われているか《大学》。 【文部科学省『科学研究費補助金の取扱いについて』】 【「○○大学受託研究実施要綱」】	(1) 受託研究の申込みから研究完了までの事務手続フローを把握し、事務手続の整備状況を確認する。 (2) 受託研究の関連帳票を閲覧し、その整備保管状況を検証する。 (3) 科学研究費補助金に係る管理用預金口座及び収支簿と領収書、請求額等について関係書類を照合し、その集計の正確性と経理処理など管理事務の適切性を検討する。 (4) 一般会計と特別会計の費用負担額配分の妥当性について、その基礎となる人員配置、需用費の発生状況や設備の利用状況等の実態、ヒアリング等により確かめる。
8．研究補助金（研究費）の交付手続は、法令、条例、規則及び要綱等に基づき適切に処理されているか。補助金等の交付は効果的になされているか《大学》。 【各自治体の財務規則】 【「○○大学研究補助金交付要綱」】	(1) 補助対象研究費が交付要綱等に沿って支出されているか確認する。

第 5 章

不適正な会計処理等への
対峙法

　裏金・預け金・プール金問題など「不祥事件」「不適切な会計処理」等への対峙も、監査委員監査の重要な論点の1つです。

　不正会計等と上手に対峙するポイントは、多額、多頻度、高率・低率、外れ値、閾値などの異常値をどう把握するか、という点にあります。

　第5章では、地方公共団体で発覚した不正会計事例を紐解き、異常点監査技法の基本を解説します。

不正会計の定義

根源に「不正のトライアングル」がある

不正会計とは一般に、不正な財務報告「**粉飾**」と資産の流用「**横領**」を指し、その根源には**不正のトライアングル**があります。

不正を実際に行う際の心理的なきっかけ「**①動機・プレッシャー**」が必ずあり、不正を行おうとすれば簡単にできてしまう環境が存在し「**②機会**」が与えられているはずです。「このぐらいなら、いいか……」という倫理観や順法精神に欠けた自己の行為を正当化する「**③姿勢・正当化**」も不正を助長します。

そこで不正が行われないよう、言い換えれば「不正のトライアングル」が醸成されぬよう、「内部統制」と呼ばれる仕組みが必要になります。

今世紀に入った直後に発覚した米国エンロン社の不正会計事件や、我が国の証券市場を揺るがしたＩＴ企業による粉飾事件等を契機に、財務報告における内部統制の整備・運用に対する機運が高まりました。米国で企業改革法、通称ＳＯＸ法が立法化され、我が国でも日本版ＳＯＸ、通称Ｊ－ＳＯＸの導入論議が熱を帯び、会社法と金融商品取引法で内部統制の義務付けが明文化されます。

確かに、米国ＳＯＸ法やＪ－ＳＯＸは内部統制強化のきっかけになりましたが、現実に目を向ければ、内部統制が十分に機能せず、様々な組織で不正が行われている事実を目の当たりにもします。先駆的なコンプライアンス・ガバナ

不正行為者の特性と９つのパターン

	単独	内部共謀	外部共謀
最上位者	A 検定協会	D学院	G学園
上位管理者	B大学	E県	H機構
その他職員	C市 教育委員会	F年金 積立金 管理運用	I大学

182

ンス体制を構築していたとされる大手家電メーカーＴ社の不正会計事例を引き合いに出すまでもありません。

しかも、近年発覚した不正会計の事例では、**①手口の複雑化、②実行の長期化、③影響額の巨額化**という３つの傾向が顕著な事案が散見されます。

こうした傾向を持つ事例の多くは、単独ではなく共謀により不正が実行されているという特徴もあります。**共謀により手口は複雑化し、単独の場合に比べ不正が発見されにくい傾向**もあります。

縦軸に経営への関与度、横軸に共謀の度合いを示す前ページ図をご覧いただくとわかるように、９つのパターンすべてに不正の該当事例が存在します。こうした事実を直視し、２つある内部「統制」のうち「予防統制」だけではなく、もう１つの「発見統制」の視点も持つ必要性を改めて認識する必要があります。

不正会計を発見できる端緒はどこかにあり、その端緒をExcel等で行うＣＡＡＴで発見してみよう、これが最近の監査等の主流になってきました。なお、こうした不正会計を総務省では「不適正な会計処理等」と言い換えています。

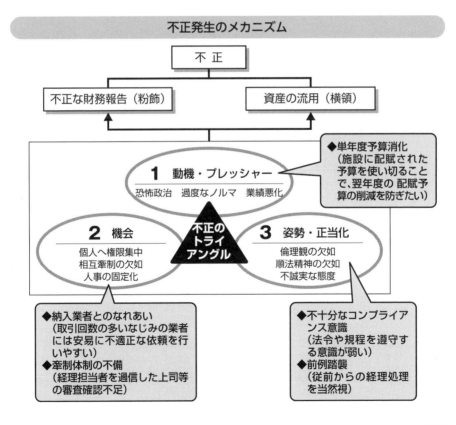

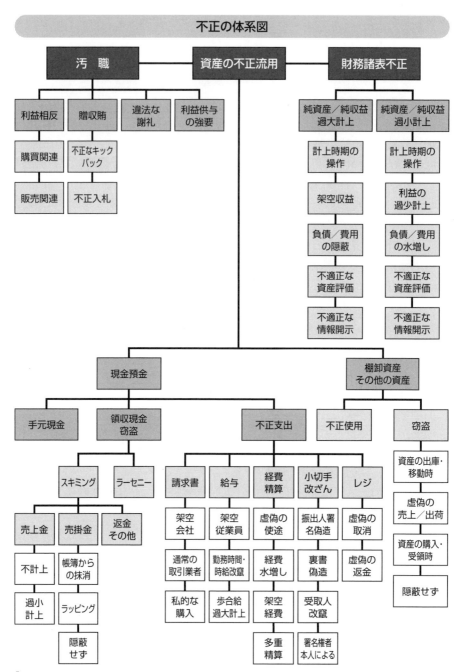

『REPORT TO THE NATIONS ON OCCUPATIONAL FRAUD AND ABUSE 2016 GLOBAL FRAUD STUDY 2016年度版　職業上の不正と濫用に関する国民への報告書』（ACFE）

随時監査と牽制機能

想定外の抜き打ち監査が緊張感を生み出す

　地方自治法第199条は監査委員の職務権限に関する規定で、第5項に随時監査が規定されています。

> 第百九十九条　監査委員は、普通地方公共団体の財務に関する事務の執行及び普通地方公共団体の経営に係る事業の管理を監査する。
> 5　監査委員は、前項に定める場合のほか、必要があると認めるときは、いつでも第一項の規定による監査をすることができる。

　一言でいえば**抜き打ち監査**です。定期監査や例月出納検査、決算審査と違い、随時監査という抜き打ち監査は「できる規定」ということもあり、実施されていないのがほとんどでしょう。それゆえ、随時監査の効果も期待できます。

　一般に不正行為の予防・牽制に抜き打ち監査は有効だといわれます。

　ある監査委員の方にお伺いした話では、4年に1度のタイミングで往査するとルール化しておくことは、不正実行者からすれば好都合だというのです。1回往査があれば、その後3年間は不正を好き放題にできるからです。賢い不正実行者は、次の監査対象年度の前までに不正を手仕舞いし、監査対象年度には不正の痕跡を残さず、表面上問題なし、こうしたことが結構あるというのです。

　不正隠しを見破るため、随時監査の実施も検討しましょう。想定外の随時監査は緊張感を生み出し、不正の予防・牽制のほか早期発見も期待できます。

　随時監査の対象は、今まで1回も往査したことのない部署等を中心に、様々な部署を対象にしてみるとよいでしょう。不正は、いわゆるノンコア組織で起こることがあるからです。

　たとえば、財政援助団体や出資団体などは、随時監査の格好の対象になり得ます。こうした団体や組織は横の繋がりがありますから、ある団体に随時監査が入ったとなればすぐに情報が流れ、「次は、うちに来るかも」というように牽制効果が期待できます。

　ただし、随時監査のような抜き打ち監査にも課題があります。突然往査するため、監査対象資料等の準備が不十分となる可能性が高く、効果的な監査等の実施に影響を及ぼすことがあります。随時監査の対象を現金実査等、その場ですぐに検証できるものに限るなどの工夫も必要でしょう。抜き打ち監査は不意打ちするから効果が期待でき、連続して実施すれば効果を期待できないことがあります。随時監査の実施間隔を不規則にするなど、工夫も必要でしょう。

第5章　不適正な会計処理等への対峙法

不適正な会計処理等の事例

📋 昨今の不適正事例

　総務省『地方公共団体の監査機能に係る課題について』の中で、「昨今の不適正な会計処理等の主な事例」（筆者一部修正）が紹介されています。

	事例 A	事例 B
事案の概要	平成4年度から平成15年度までの12年間に捻出された不正資金は、総額約17億円。うち、職員組合にプールされた分は、約2.7億円。返還総額は、利息を含め約19.2億円。	不適正な会計処理による現金等（総額約6,880万円）の保管、費消、捻出が判明等したもの。
事案の背景・原因等	• 正規の予算には計上できないが、当時の県の各所属の業務を遂行していくために必要と考えられていた費用（たとえば官官接待費用、土産代、予算措置が講ぜられなかった備品等の購入費用等）を捻出する必要性があったこと（資金づくりはこのような費用に充てるための必要悪という意識があったと考えられる） • いわゆる予算使い切り主義の予算執行が行われていたため、予算を年度内に使い切る必要があったこと（予算を全額使わず、これを余して返還することになれば、次年度の予算が減らされる可能性が高く、また、その担当者の予算見積もりの甘さを指摘される可能性もあったこと）	• 職員の公金意識の欠如、歴代の総務担当者が裏金を引き継ぐ一部の職場の慣習、職場で「おかしい」といえる環境でないなど、住民感情とはかけ離れた組織の体質が、今回の根本的な原因であると考えられる。 • 平成9年の事件を機に、反省してやり直そうという強固な意志を持たなかったこと、平成9年の改善策が守られておらず、その進行状況も把握されないまま放置されてきた組織の体質も、原因の1つと考えられる。 • 修理や故障といった緊急の対応等や、地域における社会的付き合い等についての予算措置がないことも、裏金を生み出す要因になっていると考えられる。 • 職員の中では、たまたま巡り合わせが悪かったと反省のかけらもない職員がいる限り、再び起こる体質がある。
監査委員による監査への評価等	監査委員としては、今回、資金調査チームの調査により、平成6年度まで県組織のほぼ全体にわたって不適正な経理による資金づくりが行われており、当時、県組織全体で巨額の不適正資金が存在したことが明らかになったことを、重く受け止めている。 また、各所属で保管されていた資金の存在が表面化することを避けるために、平成10年度以降、資金が県職員組合に集約されたが、これらの行為は県民からの県政への信頼を損なうものであり、非常に残念なことと考えている。 監査委員監査において、これまでこうした不適正資金の存在を発見できなかったことについて、大変申し訳なく思っている。	監査委員事務局、出納部局が全く機能を果たしていないことも、要因の1つとなっている。
監査制度に関する主な改善策等	○実効性の強化 〜監査委員の増員、定期監査の強化と着実な実施、特別監査の拡充と機動的対応、外郭団体・指定管理者等への監査の強化 ○独立性の確保 〜監査業務の第三者への委託、事務局体制の見直し、監査能力の向上、知事に対する提言 ○透明性の向上 〜監査結果の全面公開、監査業務の広報・広聴、県政に対する意見・苦情への対応、包括外部監査人等との連携強化	○監査・検査における会計事務専門家の導入（20年度〜） • 監査・検査の機能充実を図るため、改革検討会において会計事務専門家の関与（具体的業務内容、活用形態等）について検討を進め、平成20年度から会計事務の専門家（公認会計士）を導入する。 ○監査・検査の連携強化（19年度〜） • 監査委員事務局と会計局の連携強化を図るため、監査・検査の日程調整や結果の情報交換に加え、双方が実施する研修について相互参加を行う。 • 監査・検査の役割分担と連携方法について、検査・監査改革検討会の場等を通じて検討を進める。

186

	事 例 C	事 例 D
事案の概要	消耗品を購入したように見せかけて代金を支払い、後に必要に応じて請求内容と違う備品や消耗品を納入させるいわゆる「預け」等の物品調達に関連した不適切な事務処理が行われていたもの。	カラ超勤、ヤミ退職金・年金、さらに市民の理解と納得が得られない福利厚生関連の公金支出の実態が明らかになったもの。
事案の背景・原因等	今回の問題の背景には、職員の違法意識や公金意識という公務員として最も基本的な資質の欠如が温床となったと言わざるを得ない。また、県のそれぞれの組織、管理監督責任が十全に機能していたのかということを改めて振り返ってみる必要がある。	・福利厚生は一般に既得権益と捉えられ、見直しがされにくい分野である。特に公務員の場合、かつて給与が民間水準を大幅に下回った時代に賃金の補填手段とされてきた。 ・制度の全体を掌握し、あるべき姿と現実のずれをチェックする部門・機関が存在しない。 ・職員のニーズを定期的に調査したり、市民の常識に照らして、メニューや金額を定期的に見直す仕組みが存在しなかった。 ・予算書・決算書は、個別の事業・メニュー別になっておらず、人件費だけでなく物件費・事業費などに分散して計上されてきた。即ち、基礎的な情報公開がされておらず、外から実態を把握し、またチェックすることが困難な仕組みになっていた。 ・また、市役所は職員に対して、負担（掛金）と公金支出（補助）と受益の関係を十分に説明してこなかった。そのため、職員においても市民の視点からみて妥当な受益かどうかを自ら問い直すという問題意識が生まれなかった。
監査委員による監査への評価等	財務に関する事務の執行などを監査する機関として長年預け問題を見逃していたことにつき責任がある。	・このたびの厚遇問題の是正については、監査委員による監査が相応の機能を発揮したといえるが、そもそも監査委員は住民監査請求がなされなくても、自ら積極的に監査をなしうる権限を持っているのであり、それにもかかわらず、長期にわたり実施されてきた数々の厚遇に何らメスを入れることができなかったことは看過しえない問題である。
監査制度に関する主な改善策等	1　監査委員及び事務局員監査、出納局指導検査の充実・強化 ㋐特定課題についての実施等監査手法・実施方法の見直し 通常の監査に加え、特定の課題に絞って専任の職員による監査を実施するとともに、特に物品等については、執務室への立ち入りの上検証を実施し、これまでの指導的観点からの監査に加え、摘発的な観点も入れた厳正な監査を実施する。 ㋑公認会計士、税理士等の活用による監査の専門性の向上 公認会計士とアドバイザー契約を締結し、監査実施方針の策定や監査手法の見直し検討時における助言、事務局員監査への同行による事務局員への指導等を実施する。 ㋒研修の充実等による監査能力の向上、プロパー職員の養成 計画的な年間研修プログラムを策定し、専門研修の受講機会を確保充実するとともに、意欲のある若手職員を選抜し、自治大学校が実施する長期研修へ積極的に派遣する。 ㋓物品調達に特化した臨時の出納局指導検査の実施（事前実施通知なし）物品調達事務に特化した監査的な視点を持った臨時の抜き打ち検査を実施する。 2　外部監査制度の活用の検討 地方自治法の規定による外部監査契約（包括外部監査、個別外部監査）に基づく監査の定期的な実施について検討を行う。	・監査内容の質的向上 ・きめの細かい監査の実施 ・監査の実効性の向上 ・市民にわかりやすい監査の取組状況・結果の周知

第5章　不適正な会計処理等への対峙法

187

こうした不適正な会計処理等の主な発生要因は下表のとおりとしています。

監査委員や監査事務局担当者は、不適正な会計処理等が行われる可能性があることを前提に、監査等の実施局面で工夫する意識を持ちましょう。

事例ごとの主な発生要因 （各都道府県の報告書等で公表している事項をとりまとめたもの）

事　例	主な発生要因
事例①	○　予算の使い切り意識 　　予算の使い切り意識が、国庫補助事業に対しては特に強く、地方公共団体において不用額を出すことを許さない風潮 ○　必要な経費に予算措置されない予算編成上の取扱い ・消耗品に比べ備品の予算措置が難しく、必要物品を預け等で購入 ・実績によるシーリングを意識し、不用額を避けるため預けを実行 ・謝礼や土産など交際費的な経費の捻出のため預けを活用 ○　法令遵守意識の欠如 ・事務用品等の臨機応変な納品を優先するあまり、会計手続を無視 ・事務の省力化のため、会計手続を無視 ・業務上必要な物品の購入であれば、預け、差替え等は許容されるという思い込み ・会計法規等の知識が乏しく、繰越等の必要な手続がとれない ○　機能しない内部けん制機能 ・契約・検収・支払の各事務が同一所属（あるいは同一職員）で行われ、不適正な経理処理が見過ごされた ・出納機関における支出書類の審査は、執行機関が作成した検査調書により行われており、信ぴょう性まで確認していなかった ・出先機関では出納手続がごく限られた一部の職員で行われている実態があり、内部けん制がさらに働いていない ○　不十分な物品管理体制 ・各所属における在庫管理が不十分で、年度末発生が常態化 ・物品について、発注と納品の検品が同一職員で行われており、伝票の不適正な処理を指摘できない ○　監査委員による不十分な監査 ・監査委員による監査でも不適正な処理を指摘できない
事例②	○　公金取扱に関する意識の欠如 ○　服務規律の緩み
事例③	○　不明確な補助対象経費 ・補助要綱上、補助対象経費が明確化されておらず、事業毎の補助要綱にもよるが、一般的には「補助事業の施行に直接必要な経費」と定められているのみ ○　対象となる経費の不十分な精査 ・対象経費の是非の精査が不十分で、前例踏襲等により国庫補助事業に直接関係のない出張や賃金職員の配置に国庫補助金を充当

コラム **監査委員監査と不正摘発**

「監査委員監査は、不正の摘発を狙いとしていない」。

　こう言われることもありますが、果たしてそれで本当に「住民の福祉の増進と市政への信頼確保に資する」ことができるのでしょうか。

　実際に多くの不正が発覚し、住民訴訟に発展した事例も散見されます。

長や職員に対する高額（1億円以上）の損害賠償が命じられた例

○　平成17年4月1日～平成28年4月1日の間に、住民訴訟（4号訴訟）において、地方公共団体の長や職員に対する約1億円以上の損害賠償請求を命じる判決が言い渡されたもの。

	事　案	賠償義務者	賠償額
1	市が締結した汚土収集運搬作業の委託契約	市長、助役	1億751万円
2	ゴルフ場開発不許可処分とされた開発事業者との民事調停	市長	26億1257万円
3	土地開発公社が先行取得した動物霊園等の建設予定地の買受	市長	1億3246万円
4	公共下水道に関する地方交付税算定	市長、助役、職員	4億5090万円
5	県職員の公務出張に対する旅費	知事	1億983万円
6	外郭団体に対する補助金	市長	2億5379万円
7	外郭団体に対する補助金	市長	55億3966万円
8	浄水場建設予定として購入した土地の代金	町長	1億2192万円
9	生活保護の支給決定	職員	1億3465万円
10	河川改修事業の委託料の過大支払	職員	1億4049万円
11	バイオマス事業への補助金の支出	町長	9279万円
12	リサイクル施設の事業停止に伴う補助金の返還	知事	1億9659万円

『地方自治法の改正検討項目』（総務省、平成28年10月）

　監査委員や監査事務局担当者は、基本的な不正対峙法を習得しておく必要はあると思います。裏金・預け金・プール金の発覚が世間をにぎわせもします。地方公共団体等でもいわゆる不正会計は起こる、こうした姿勢で監査等に取り組む必要もあります。

不適正な会計処理の仕組みと防止策

📋 裏金やプール金等に要注意

　総務省『国の行政機関の法令等遵守（会計経理の適正化等）に関する調査結果に基づく勧告』（平成22年7月）によれば、不適正な会計処理の一例として次のような発生態様があるとされます。**いずれも裏金やプール金になりえるの**で留意が必要です。

不適正な会計処理の主な発生態様

態　様	説　明
預け金	事実と異なる内容の関係書類を作成するなどして、契約した物品が納入されていないのに納入したことにして、業者に代金を支払い、以後の物品購入の代金等として業者に管理させるなどしていたもの
一括払い	正規の会計処理を行わないまま、随時、業者に物品を納入させた上、後日、納入された物品とは異なる物品の請求書等を提出させ、これらの物品が納入されたことにして事実と異なる内容の関係書類を作成し、購入代金を一括して支払っていたもの
差し替え	業者に事実と異なる請求書等を提出させ、契約した物品とは異なる別の物品に差し替えて納入させていたもの
翌年度納入	契約した物品が年度内に納入されたこととし、関係書類に事実と異なる検収日を記載するなどして経費を支出していたもの
先払い	契約した物品が納入される前にこれらが納入されたこととし、関係書類に事実と異なる検収日を記載し、経費を支出していたもの
前年度納入	前年度に納品させた物品を当該年度に納品させたこととし、関係書類に虚偽の検収日を記載するなどして経費を支出していたもの
契約前納入	契約手続を行わないまま物品を納入させていたのに、関係書類に実際の納品日より後の日付を検収日として記載するなどして、物品が契約締結後に納入されたことにして経費を支出していたもの

　これらに対する防止策は次ページ表のとおりです。

　特に、随意契約による「預け金」「一括払い」がないか、歳出予算の執行の良否・適否の状況から検討してほしいと思います。

190

不適正な会計処理の主な防止策

区　分	説　明
予算執行の見直し	納入期限の確保、物品調達発注の原則２月末までの実施等
物品の調達・管理体制の見直し	納品書等の記載内容（納入年月日、数量等）の確認、納品書等の５年間保存、専門性の高い業務に精通している職員を検査職員に任命、契約担当者と検査担当者の分離、複数職員による検査の実施等
監査機能等の強化	行政機関の書類と事業者の帳簿等の突合、事業者からの聞き取り、外部通報の仕組みの導入等
職員の意識改革	所属長の会計経理責任者としての自覚の徹底、発注者綱紀保持研修の実施等
その他	・指摘事項等の周知及び適正な予算執行の徹底の周知 ・現金収受（資金前渡管理）等に係る職員の不正防止対策で、預け金等の不適正会計経理に係る対策以外のもの

歳出予算の執行の良否・適否の状況から検討を

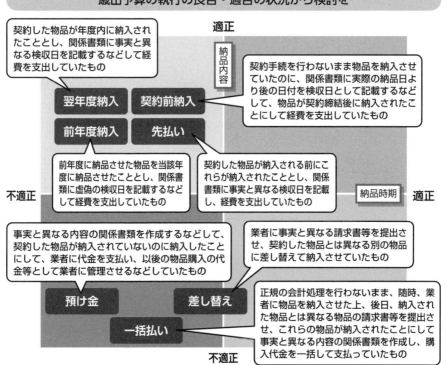

CAATコンピュータ利用監査技法

コンピュータ利用監査技法のあらまし

　ＣＡＡＴ（ＣＡＡＴｓ）はComputer Assisted Audit Techniquesの略称で、コンピュータ利用（あるいは支援）監査技法を指します。要はパソコンを使った監査等の手続で、対象事業所等の情報システムから電子データを抽出し、当該データを利用・加工して、必要な監査手続を実施するための技法、これがＣＡＡＴです。

　従来の手作業による監査手続の場合、データの形態は帳票という紙ベースですが、ＣＡＡＴの場合は電子記録です。このため、処理できるデータ量は紙ベースよりも電子記録のほうが断然多くなります。入手データの加工を考えても、手作業による場合は帳票という紙ベースであるため限界が生じ、複雑な監査手続きの適用の面でも手作業には限界がありますが、ＣＡＡＴならば非常にスムーズにできます。

　たとえば、2013年に日本公認会計士協会から公表された『不正調査ガイドライン』では、「一般的な財務分析とは異なる」と前置きしたうえで、ＣＡＡＴ事例が示されています。**ある金額以上の経費支出で特別な承認が必要となるような場合、こうした「閾値（しきいち／いきち）」をやや下回る金額の支出が多く行われている可能性があるので、ＣＡＡＴを活用してみよう**と例示されています。

ＣＡＡＴでできる異常点把握の事例

- 通例でない取引の査閲（上位者が入力、下位者が承認した仕訳入力など）
- 通例でないタイミングのデータ入力（休日・深夜の仕訳入力など）
- 類似データの抽出（摘要欄の説明が不十分な期末や締切後の仕訳入力、0000や9999など同じ数字が並ぶ数値を含んだ仕訳入力など）

　このように抽出されたデータを統計的に分析することで、さらなる異常点の洗い出しが可能となるという点もＣＡＡＴのメリットです。

ＣＡＡＴでできる統計的分析の事例
- ベンフォード分析（傾向の全体把握）
- 相関分析（相関関係の把握）
- 散布図分布（取引分布の把握）など

　手作業による監査手続等ではこうした手続は実施が難しかったのですが、Ｃ
ＡＡＴを活用すれば比較的簡単に実施できるメリットがあります。実施済みテ
ストは次回以降の監査等で利用可能です。手続の効率性や対象範囲拡大の容易
性といった点でも、手作業に比べて優位性があります。

　ただＣＡＡＴ実施には、時間も手間も費用も掛かります。

　ＣＡＡＴ実施にあたり、一般的に７つのステップを踏むのが、効率的で効果
的と言われています。

ＣＡＡＴ実施のための７つのステップ

ステップ❶　ＣＡＡＴ実施のメリット、デメリットを判断する。

ステップ❷　被監査組織との間で、ＣＡＡＴの実施について合意する。

ステップ❸　被監査組織の情報システムの概要を調査し、デジタルデータがどのように組成されるか把握する。

ステップ❹　どのようなデータが必要か、必要項目や対象期間など、監査や調査に欠かせない対象ファイルを決定する。

ステップ❺　データを入手し、ＣＡＡＴプログラムを実行し、パラメータ（検索条件）に沿ったデータを抽出する。抽出されたデータは不正会計の可能性のある「グレーなデータ」に過ぎないことに留意する。

ステップ❻　グレーなデータに詳細な監査手続を実施し、不正会計のデータであるか、懐疑心を持ち判断を行う。

ステップ❼　各過程、結果を文書化する。これは、次回以降のＣＡＡＴ実施の省力化、責任の明確化等のためにも不可欠。

第5章　不適正な会計処理等への対峙法

193

ＣＡＡＴは実務に役立つ

　ＣＡＡＴを上手に活用するには、次の５つの視点に留意した準備も必要です。

視点❶ 「既出の不正事例」を洗い出す

　不正会計は伝染病であり、その手口は伝承されます。過去の不正会計事例を紐解き、手口や背景、不正仕訳パターン、関係した帳簿や記録・システムなどを洗い出してみることで、パラメータ設定を的確に行えるでしょう。他団体で行われた不正会計事例を紐解くことも大切です。

視点❷ 「Ｐ×Ｑ」を意識する

　売上高は「売上単価×売上数量」、光熱費は「消費単価×消費数量」のように分解でき、大抵の勘定科目は「Price単価×Quantity数量」で表現できます。Ｐ×Ｑで表現されない金額データがあれば異常点として抽出する、こうした姿勢が大事です。差額計上となる、雑収入や雑損失、仮払金や仮受金のような雑勘定には留意してください。仕訳の背後にある事実を把握し、適切に問題点を指摘し、改善方法を指導する（指導的機能は66ページ）、これも私たちの仕事の１つだと思います。

視点❸ 「仕訳入力を見直し」ＣＡＡＴを的確に行い得るように工夫する

　「諸口取引は、極力避ける」「入力と承認の項目を設け、日付と担当者を確実に入力する」「システムアクセスのログを、日時で把握できるようにする」、こうした仕訳入力ができるとＣＡＡＴの精度を格段に引き上げられます。

視点❹ 「非財務データ」を上手に活用する

　不正「会計」というと、財務データに目が奪われがちです。しかし不正実行者の立場で考えれば、財務データが監査や調査の対象になることは百も承知。金額データのような財務データも大事ですが、日付・個数・人数・気温などの非財務データも上手に活用してほしいと思います。

視点❺ 「着眼大局、着手小局」でＣＡＡＴを実践する

　新しいものを取り入れる際、いきなり大風呂敷を広げたがる人がいますが、これはいただけません。まずは、所属部署や小規模な事業所などでＣＡＡＴを導入してみて、知見を得るように努めていただきたいと思います。

実効性ある監査等の体制構築とＣＡＡＴ

　以前、印象的なセミナーを受講したことがあります。それは、不正会計に巻き込まれた某公認会計士の回顧録的なものでした。

> 現在、某企業の監査役をしている。公認会計士の財務諸表監査で得られるデータと、企業内部で得られるデータの質や量に、これほど差があるとは思わなかった

　当事者にしか知り得ないインサイダー（内部）情報の質的・量的な優位性を踏まえれば、そうした情報にたやすくアクセスできるところが主体となって、今以上に監査等の体制を構築し、ＣＡＡＴを行うのが理に適います。

　地方公共団体の監査等を考えれば、監査委員や監査事務局担当者の方々にＣＡＡＴの実務ノウハウを身につけてほしいと思います。

コラム　ＣＡＡＴはグレーなデータを抽出するツール

　本書でご紹介するExcelを使ったＣＡＡＴはグレーなデータを抽出するツールにすぎません。最終的に白黒判断をつけるのは監査委員です。この点を忘れずにＣＡＡＴを上手に活用していただきたいと思います。

第5章　不適正な会計処理等への対峙法

経営管理に有効な10個のExcel機能

これだけは理解しておきたいExcel機能

　ピボットテーブルとVLOOKUP関数、この2つをマスターすれば、経営管理に必要な基本的な統計処理ができるようになります。

　(1)ピボットテーブルは、データを色々な角度から分析・加工することができます。これを「データをスライスする」と呼びます。

　(2)VLOOKUP（ブイルックアップ）関数は、条件に合致したデータを抽出できます。

　たとえば、ＣＡＡＴにより異常点をつかむには、データをスライスし、様々な角度から分析する必要があります。ピボットテーブルでデータをスライスし、かつ、VLOOKUP関数で異常点のありそうなデータに当たりをつける、こうしたことで、不正会計と対峙できると考えられるわけです。

　この2つ以外にも、覚えてほしいExcel機能・関数がいくつかあります。

　(3)RIGHT関数は、右側の文字列、下の桁を表示します。たとえば、「12345」というデータのお尻「345」という3桁だけを表示するのがRIGHT関数。セルA1のデータから下3桁分のデータを取り出す場合、「=RIGHT（A1,3）」とします。

　(4)LEFT関数で「12345」の頭2桁「12」という数字を表示できます。

　RIGHT関数や対になるLEFT関数を使えば、不適切な仕訳入力やその他の修正がもつ特性の1つを抽出できます。具体的には、同・A41に例示される「同じ数字が並ぶ数値を含んでいる仕訳入力（たとえば、0000や9999)」というデータを、これらの関数で抽出可能となります。

　このように、電子データであれば、検索条件を整えることで、比較的簡単に異常点の抽出を行えるメリットがあります。

　そもそも、むやみやたらとデータを拾っても、データの海で溺れ、徒労に終わってしまう可能性があります。経営管理の効率性や実効性を考えれば、**一点集中で目星をつけ、データという「記録と記録の照合」をまず行う。**そのうえで、**質問などにより補完し「記録と事実の照合」を行う、**こうすることで数字の持つ真実の意味に迫れるわけです。

　(5)IF関数は、データをケースバイケースでふるい分けする際に利用する、大変便利な関数です。応用的なIF関数に、条件に合ったデータを合計する「SUMIF関数」や、データの個数を数える「COUNTIF関数」などもあります。

(6)**&関数**も知っておくと便利です。これは、データを結合する際に用います。

たとえば、9月5日という日付データとして「0905」というデータがあり、品番コードとして「100」というデータがあり、これらを&関数で結合することで、日付と品番の性格を有した「0905100」という、新たなデータを組成できます。Excelは、複数の項目を対象にしたデータ分析が苦手なため、複数の項目を1つにまとめることで作業を容易にするメリットを「&関数」を使うことで享受できます。

(7)**TEXT関数**も覚えておいて損はないでしょう。TEXT関数は、データをテキスト化、つまり文字列化するために用います。

(8)**TRIM関数**は、データのごみ「空白値」を取り除きます。データの中には、見た目は空白でも「スペース（空白）」という文字列が含まれている場合があり、これをTRIM関数で「刈り詰め、削除」します。

(9)**グラフ機能**を使えば、相関・回帰分析による「推計」、時系列分析による「予測」等ができます。

(10)**分析ツール**をアドイン・追加（80ページ）すれば、基本統計量の把握も簡単に行えます。

理解しておきたい10個のExcel機能

(1)ピボットテーブル
(2)VLOOKUP関数
(3)RIGHT関数
(4)LEFT関数
(5)IF関数
(6)&関数
(7)TEXT関数
(8)TRIM関数
(9)グラフ機能
(10)分析ツール

特に押さえておきたい3つの機能

これらわずか10個のExcel機能を適宜理解しておくだけで、経営管理に欠かせない一通りの統計処理を行えるようになります。

とりわけ、経営管理で重要と思われるExcelの機能が、データをスライスして分析する**ピボットテーブル**、データを突合する**VLOOKUP関数**、相関・回帰分析や時系列データから予測するための**グラフ機能**の3つです。これら3つの機能を使いこなせるようになるだけで、経営管理力が飛躍的に向上するでしょう。

データをスライスするピボットテーブル

マウス操作だけで新鮮な視点を得られる

　ピボットテーブルは、異なる2つの項目を縦横にとり、項目が交差する部分を**クロス集計**する機能です。マウス操作だけで、新鮮な視点を得られる、便利な経営管理ツールです。

　たとえば、営業支援では売上増減の要因分析や顧客ニーズの変化の状況把握などに活用できます。

　次ページ図のように「出荷データ」を開き、図表①〔挿入〕タブ→〔テーブル〕グループ→〔ピボットテーブル〕を選択→〔ピボットテーブルの作成〕画面が表示されます。対象データが正しく設定されているか確かめ、ピボットテーブルの作成場所を指定し〔OK〕をクリックすると図表②のようなピボットテーブルが現われます。

　ここまでの作業後、図表③で示す〔ピボットテーブルのフィールドリスト〕の設定次第で、同じデータから様々な切り口を見ることができるようになります。

　たとえば、出荷データから「区分」ごとの「出荷金額」を集計したい場合、ピボットテーブルの〔行ラベル〕に「区分」、〔Σ値〕に「出荷金額」を「ドラッグ＆ドロップ」します。

　ドラッグ＆ドロップとは、〔フィールドリスト〕の中にある、たとえば「区分」をクリックし選択後、左クリックしながら、〔行ラベル〕に放り込む作業です。

　気になるデータがあれば「ドリルダウン」してください。該当データ上でダブルクリック（左クリックを2回続けて実施）すれば、詳細データを表示できます。

　また、ピボットテーブルは金額合計だけではなく、データの個数や標準偏差なども集計でき、基本統計量分析が行えます。

　〔ピボットテーブルのフィールドリスト〕内、〔Σ値〕にある▼を左クリック→〔値フィールドの設定（N）〕を左クリック→〔値フィールドの設定〕画面が現われます。〔集計方法〕タブの中から適宜選択すると、「出荷金額」の〔合計〕以外にも、〔平均〕〔最大値〕〔最小値〕〔積〕〔標準偏差〕などを表示できます。

ピボットテーブルの作成イメージ

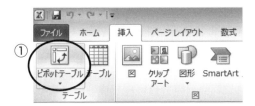

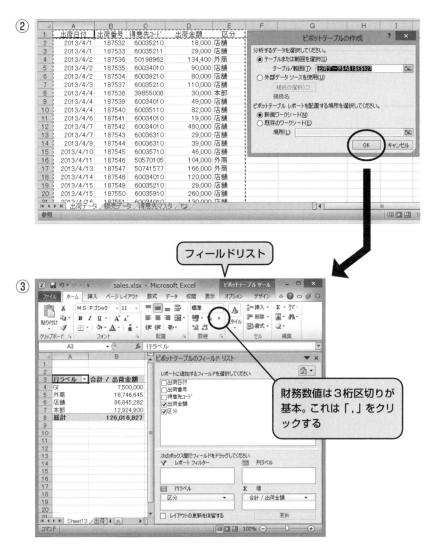

第5章 不適正な会計処理等への対峙法

VLOOKUPという検索ツール

実行時の"お約束"

　経営管理業務で役立つExcel機能の1つが、VLOOKUP（ブイルックアップ）関数というデータ検索の関数です。

　次ページ図のように、B列に「得意先コード」はあっても「得意先名」がない場合、それぞれのデータ項目を持つ「得意先マスタ」のような別のデータから該当データを探し出し、D列に「得意先名」を表示できるようにするのがVLOOKUP関数です。

　関数なので、「検索値、範囲、列番号、検索の型」を「引数（ひきすう・いんすう）」として設定する必要があります。

　「得意先コード」からVLOOKUP関数で紐づけ「得意先名」を表示するには、たとえばセルD2「=VLOOKUP（①B2,②得意先マスタ!A:B,③2,④FALSE）」のように、①から④の4項目を「引数」として指定する必要があります。

VLOOKUP関数の引数の意味
- 「得意先コード」が記載された「検索値」セル（引数①「B2」）を参照。
- これと同じものを「範囲」として指定したデータ項目の中から選び出します。事例では「得意先マスタ」のA列、B列（引数②「得意先マスタ!A:B」）。
- 引数①「検索値」が突合するデータを、必ず引数②「範囲」の一番左の列（「得意先マスタ」のA列）に設定するのがポイントです。VLOOKUP関数は、「範囲」の中から「検索値」と同じものを見つけ「列番号」で指定された列（ここでは、引数③の「2」列目）のデータ項目を、"見つけ出したい項目"（「得意先マスタ」の左から2列目のB列）として返します。「範囲」は「検索値」と突合される列から1列目、右に進むにつれ2列目、3列目と数えるので、「検索値」と突合される列よりも左のデータでは"マイナス1列目"になってしまい、VLOOKUP関数で指定できないことに留意して下さい。"見つけ出したい項目"は必ず「検索値」と突合される列を含む右側に「範囲」を設定する必要があります。
- 検索方法には〔近似一致（TRUE）〕と〔完全一致（FALSE）〕の2種類ありますが、財務会計データの場合、検索の型は「完全一致」（引数④「FALSE」）とします。

　VLOOKUP関数を適用するには、**対象となる項目**（ここでは「得意先コード」があるB列）**を昇順に「並べ替え」、連続データにする必要があります**。この並べ替えはVLOOKUP関数を実行時のお約束です。この並べ替えで元データがバラバラになってしまうので、**元のシートをコピーするか、任意の列にあらかじめ連番を付す**と元データを再現でき便利です。

200

VLOOKUP関数のしくみ

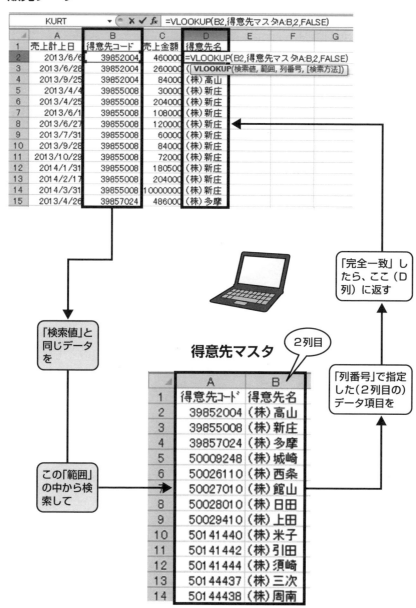

ＣＡＡＴによるデータ概況把握の基本

異常点と向き合う際はデータを「鳥の目」で眺めるのが大切

　異常点と向き合うには、データ全体の傾向を分析し、概況を把握する必要があります。たとえば、仕訳データを観る仕訳テストの場合、金額や科目、仕訳の起票者やレコードタイプなどの項目ごとに仕訳データを「鳥の目」で眺めることで、想定していないデータの傾向、これまでに認識していなかったリスクの識別、想定していたデータ内容からの乖離を認識できることがあります。

　ＣＡＡＴによるデータ概況把握の基本は次のとおりです。

❶ユーザ別の入力概況

　不正が仕訳データにどのような痕跡として現われるかという点に着目する場合、**仕訳してはいけない人が仕訳を入力していないか、あってはいけない仕訳が入力されていないか**、このような観点から仕訳の概観を捉える必要があります。

　これが、従来から紙ベース、伝票ベースで行われてきた「仕訳通査」の視点です。「通査scanning」は、会計伝票や契約書のような証憑類を、異常点監査の視点を持ち査閲するという監査手続です。

　仕訳テストでは、ユーザ別に仕訳の起票や入力の状況を集計することで、仕訳を通査できます。入力者ごとに入力金額の合計と入力金額のうち最高値、入力件数の合計、それぞれをピボットテーブルで集計、入力金額の合計を入力件数の合計で割り算（除算）することで1件当たりの入力金額を算出します。

　通常、仕訳の起票や入力は、現業に近い階層にいる担当者（たとえば、新人）ほど起票数・入力数が多くなり、現業から遠い階層、言い換えれば職位の高い階層（たとえば、首長や社長）ほど入力数は少なくなる傾向が想像できます。

　もしも、首長や社長が入力した仕訳があれば、怪しいと感じることができます。なぜなら、首長や社長は部下からデータ報告を受けることはあっても、自らデータを作成したり入力したりすることは普通ないからです。

　通常かかわることのない勘定科目に、特定の人物がかかわっている場合も留意が必要です。事業会社を想定すれば、出納担当者は売上高や売掛金といった勘定科目に接することは少なく、営業担当者は経費や買掛金といった勘定科目に接することは少ないでしょう。

　こうした点を踏まえ、問題のない仕訳データであるか把握することがポイン

トです。そのため、各人の業務範囲を定めた「職務分掌規程」などとデータを照らし合わせる必要もあります。

　このようなデータ入力の概況分析は、一期間だけで済ませるのではなく、期間比較をすることも有効です。経理の入力担当者の場合、入力金額の合計や入力件数は他の人に比べて多くなるのは当たり前ですが、平時と比べて異常に増加しているということであれば異常点として抽出してみる価値はあります。

　過去のトレンドから見て、明らかに仕訳数が急増減しているということであれば、組織改編でもないかぎり、異常値と判断できるからです。こうした仕訳数の集計分析は、担当者別のみならず、部署別の集計も有効でしょう。

　入力者コードが「admin」「(空白)」のデータにも注意してください。いわゆる「特権ＩＤ」で入力された、特殊なデータの可能性があるからです。

❷多額や多量という異常点の把握

　入力概況把握では、紙ベースの時代からそうであるように、**「最大値」と「摘要欄」**に着目してください。多額の仕訳金額で摘要欄が不備なデータは、不正実行者が慌てて仕訳入力している可能性があるかもしれません。

　この「摘要欄が不備なデータ」を抽出するには、摘要欄の文字数が任意の文字数（たとえば、5文字）以内のデータを不備のあるデータと"仮定"し、ExcelのLEN関数を用いて該当データを抽出する方法などがあります。LEN関数とは文字数をカウントする関数で、LENGTH＝長さに由来します。

　逆に、1件当たりの金額は少額でも、他の入力状況と比較し明らかに大量な「入力件数」も異常値として抽出する必要があるでしょう。不正実行者は不正を隠蔽したがっていますが、1件当たり多額なデータでは誰の目にも付きやすく、不正がバレる可能性が高まります。

　そこで**分割した大量のデータ入力によって不正隠蔽を図る入力者の存在も念頭に置く必要があります。**ＩＴを使えば仕訳データを大量に複製・入力することは容易です。紙ベースでは考えられないことも想定し、入力者別に入力件数等の入力状況を検証してみる価値は十分あるわけです。

　そもそも不正なデータの裏には、不正の実行者がいて「不正なデータを隠したい」と考えているはずです。それでもデータ入力されれば痕跡は残ります。

　入力金額が異常に多い、入力金額の最高値がありえない数値、入力件数が異常に多い、平均入力金額が突出している、こうした観点から仕訳入力者別・件数・金額という分析をすれば、異常なデータを抽出できる可能性は高まります。

ピボットテーブルによる概況把握法

不正会計と対峙できるピボットテーブル

　前項の入力概況を把握する際、ピボットテーブルを使う方法があります。

　〔挿入〕タブ→〔テーブル〕グループ→〔ピボットテーブル〕を選択、新規または既存のワークシートに、ピボットテーブルを作成します。ピボットテーブルを用いる作業は、どれもここまでは一緒です。あとは、**〔ピボットテーブルのフィールドリスト〕の設定次第で、様々なデータの切り口を見ることができるようになります。**

　ここでは、ピボットテーブルの〔行ラベル〕に「登録ユーザ名」を1つ、〔Σ値〕に金額データである「借方金額」を5つ、ドラッグ＆ドロップしました。注目していただきたいのは、〔Σ値〕にある「借方金額」が5つ示されている点です。

　ピボットテーブルを使うと、「借方金額」という同じデータを〔合計〕〔データの個数〕〔平均〕〔最大値〕〔最小値〕のように表現できます。各項目（フィールド）の右側にある矢印▼ボタンをクリックし、〔値フィールドの設定（N）〕を設定してあげればよいだけです。図表の〔Σ値〕に示されるように、様々な形式で「借方金額」という金額データをピボットテーブルで分析すれば、特定の勘定科目に対する影響力のある人物を特定できるようになります。

　不正の裏には、不正の実行者がいますので、人物特定は重要なポイントです。たとえば、金塚荒男という人物は、〔最大値〕で1千万円の入力、〔最小値〕で1千万円消去の入力を行い、〔データの個数〕から合計2件入力していることが図表からわかります。

　このように、**〔Σ値〕の設定次第で、同じデータから色々なことができるので、**工夫してください。ここでは「借方金額」を示しましたが、「貸方金額」も対象に勘定科目別に金額等を集計してみたり、〔データの個数〕に注目してデータのボリューム感を把握することも異常点の把握に役立ちます。

　こうしたデータを、毎月・暦年等で推移分析し、**異常点のある項目はピボットテーブル上でダブルクリックすれば、ドリルダウン機能でExcelの別シートに当該項目の明細データが現われます。**この明細データを詳細に検証すれば、不正会計と対峙できます。

データ入力の概況把握

第5章 不適正な会計処理等への対峙法

サブシステムからの転記状況の把握

手入力仕訳に注目する

　経理システムへの入力は、大幅な組織変更などがない限り、毎期ほぼ同数の仕訳が投入されるはずです。仕訳由来のサブシステムからの転記状況をCAATで集計・期間比較を行えば、傾向と違う異常点を把握できる可能性が高まります。

　ERP（Enterprise Resource Planning、統合型・業務横断型業務ソフトウェア）システムを導入している比較的大規模な組織の場合、経理システムへの入力は、販売・購買・固定資産等の各管理システムから定期的・自動的にデータが反映され、いわゆる「自動仕訳」が組成されることがあります。

　ちなみに、**仕訳入力の方法には大別し、「手入力」と「自動仕訳」の2種類**あるので、こうした点にも着目しCAATを行うのもポイントです。

　「自動仕訳」については、転記元の販売管理システムの各月の合計金額と経理システムで自動仕訳された金額との一致を検証し、別途販売管理システムを対象に監査手続を行い、「手入力」の仕訳を対象に仕訳テストを実施する、という方法がオーソドックスです。

　こうした方法をとるのは、それぞれの仕訳に違った意味があるからです。

　「自動仕訳」は、決まった仕訳を自動で組成していますから、自動化された仕訳作成プロセスに誤りがない限り、不正リスクは介在しません。

　一方、「手入力」の仕訳は自動仕訳と違い、仕訳起票者・入力者の思いのままに経理システムに入力可能で、不正会計を行おうと思えば、手入力をしようと考えるのは容易に想像できます。だから、自動仕訳と手入力の仕訳に分けて、手入力されたデータを対象に仕訳テストをしてみようというのです。

　仕訳データ項目の1つに「論理システム」のような区分がある場合、これを手がかりに自動仕訳と手入力の仕訳を区別すればよいでしょう。そして、仕訳の件数＝明細数をカウントし、過去のトレンドから見て明らかに不自然な増減があれば、異常点として抽出してください。

　ピボットテーブルの面白い使い方に、〔Σ値〕に「借方金額」のような金額データではなく、**「伝票番号」のような集計不可能なデータを用いる方法**があります。

　〔Σ値〕に設定した「伝票番号」という項目（フィールド）上でクリック、〔値フィールドの設定（N）〕で〔データの個数〕を選択すれば、伝票の件数を表

示できます。〔行ラベル〕に「伝票種別名称」という項目を設定すれば、伝票が入力された種類ごとに伝票件数が集計されます。

下図の事例では、伝票件数は「総計」で989件、内訳は「決算伝票」41件、「通常伝票」672件。このうち「決算伝票」等の「手入力」された仕訳データを中心に検証すれば、効率的・効果的に監査等を行えるでしょう。

サブシステムからの転記状況の把握

ベンフォード分析

📑 データの異常なパターンを識別

　異常点監査のポイントは、突き詰めると「ウソの数字を見破る」ことにあります。

　ベンフォードの法則は、別名「**最初の桁の法則**」といわれ、最初の桁の数字はある傾向が見られるという「ウソの数字を見破る」統計的手法です。

　この法則の骨子は、数値の最初の桁の分布が一様ではなく、ある特定の数式に沿った分布になる、というものです。

　「12345」という数字の最初の桁は「1」ですが、最初の桁が「1」となる確率は母集団全体のほぼ3分の1になる。「7」「8」という大きな数値ほど最初の桁に現われる確率は小さくなり、「9」という数字が最初の桁に現われる確率は20分の1よりも小さくなる。これが、数学的モデル「ベンフォードの法則」を使う「ベンフォード分析」です。

　このベンフォード分析で、大変興味深い結果を得られたことがあります。「9」のような特定の数字が、ベンフォードの法則ではじき出した予想値をはるかに超えて存在することがわかったのです。

　調べてみるとこの特定の数字の塊の中に、概算計上のデータが大量に含まれていることが判明しました。その組織では、取引自体は完了しているものの、何らかの理由で単価や金額未決定の場合、概算計上することがあったのです。その際、999円という具合に一目で概算計上であることがわかるようにシステムに入力しておき、取引先と交渉が済むなど単価や金額が決定した時点で正しい単価等に入れ替える、こうしたことがルール化されていたのです。

　ところが、期末になってもこうした概算計上分について正しい単価等に置き換えることなく、つまり概算のままとなっていた結果、この事例では最初の桁が「9」というデータ項目に予想を大幅に上回る実績があるという分析結果がベンフォード分析により判明、適宜取引記録の修正ができたという事例がありました。

　このように、ベンフォード分析で、データの異常なパターンを識別できることがあります。

　本件のように、取引額のような数字の母集団とベンフォードの法則が予測するパターンを比較することで、潜在的誤謬や不正会計の兆候を識別する、といった使い方ができるでしょう。

ベンフォードの法則

$$p(d) = \log 10(d+1) - \log 10(d) = \log 10\left(1 + \frac{1}{n}\right)$$

　数式の左辺 d に、 1 から 9 までの数字を入れ予測値（出現確率）を計算、これと実績値を比較、大きく相違していれば異常点として分析してみる価値がある、とするのが「ベンフォード分析」です。なお、**数値の先頭に 0 （ゼロ）が来ることはありません**ので、 1 〜 9 の数字で予測値を算出します。

　仮に「 1 」に異常値が見られれば、「 1 」を対象に〔フィルター〕で該当するデータを絞り込み、金額の大きなものや、件数の多いものを対象にデータを分析してみると、面白い結果が得られる可能性があります。

　具体的な Excel でのベンフォード分析の設定と計算結果は次ページ表のとおりです。図表では出荷データをベンフォード分析しています。「設定方法 1 」で、10未満の数値を無視し、出荷金額がゼロのデータ及びマイナス（負）のデータは分析対象外としています。

　不正会計と対峙するという点においては、こうしたゼロやマイナスの取引データにも不正の兆候が見られる場合も少なからずあるので、まったく無視するわけにもいきません。〔フィルター〕などで、質的に重要性の高そうな、金額の大きそうな取引を対象に抽出を試み、詳細な手続の対象にするか判断するとよいでしょう。

　ゼロやマイナスの取引データでは、金額的に重要性の高いデータ項目を抽出し、摘要欄等の質的に重要性のあるコメント（たとえば、「不明」「削除」「隠蔽」など）を対象にデータ抽出、詳細な手続の対象にするかどうかを判断するというアイデアがあります。

　そもそもゼロやマイナスの取引データ自体の件数は少ないでしょうから、〔フィルター〕などを使い、あるいは単に目視するだけでも、異常点を把握することは十分可能だと思います。

ベンフォード分析

	A	B	C	D	E	F	G
1	出荷日付	出荷番号	得意先コード	出荷金額	区分		
2	2013/4/1	187532	60035210	18,000	店舗	18000	1
3	2013/4/1	187533	60035211	29,000	店舗	29000	2
4	2013/4/2	187534	60039210	80,000	店舗	80000	8
5	2013/4/2	187535	60034010	90,000	店舗	90000	9
6	2013/4/2	187536	50198962	134,400	外商	134400	1
7	2013/4/3	187537	60035210	110,000	店舗	110000	1
8	2013/4/4	187538	39855008	30,000	本部	30000	3
9	2013/4/4	187539	60034010	49,000	店舗	49000	4
10	2013/4/4	187540	60035110	82,000	店舗	82000	8
11	2013/4/6	187541	60034010	19,000	店舗	19000	1
12	2013/4/7	187542	60034010	480,000	店舗	480000	4
13	2013/4/7	187543	60035210	29,000	店舗	29000	2
14	2013/4/9	187544	60036310	39,000	店舗	39000	3
15	2013/4/10	187545	60035710	46,000	店舗	46000	4
16	2013/4/11	187546	50570105	104,000	外商	104000	1
17	2013/4/13	187547	50741577	166,000	外商	166000	1
18	2013/4/14	187548	60034010	120,000	店舗	120000	1
19	2013/4/15	187549	60035210	29,000	店舗	29000	2
20	2013/4/15	187550	60035910	260,000	店舗	260000	2
21	2013/4/16	187551	60034010	130,000	店舗	130000	1
22	2013/4/16	187552	60035110	39,000	店舗	39000	3
23	2013/4/16	187553	60036310	46,050	店舗	46050	4
24	2013/4/16	187554	60034010	58,000	店舗	58000	5
25	2013/4/19	187555	60034010	19,000	店舗	19000	1
26	2013/4/20	187556	50027010	190,433	外商	190433	1
27	2013/4/21	187557	60035110	38,000	店舗	38000	3
28	2013/4/21	187558	60035210	75,000	店舗	75000	7
29	2013/4/22	187559	60034010	65,000	店舗	65000	6
30	2013/4/22	187560	60039210	63,000	店舗	63000	6
31	2013/4/25	187561	39855008	204,000	本部	204000	2

	I	J	K	L
	d	実績	p(d)	予測
	1	154	0.30103	182.4242
	2	85	0.176091	106.7113
	3	73	0.124939	75.71287
	4	70	0.09691	58.72747
	5	87	0.079181	47.98384
	6	49	0.066947	40.56975
	7	40	0.057992	35.14312
	8	31	0.051153	30.99843
	9	17	0.045757	27.72904
合計		606	1	606

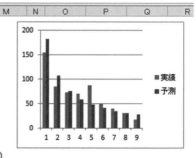

データセルの設定方法(たとえば、2行目)
設定方法1(セルF2)　　=IF(10>D2,0,D2)
　　ベンフォード分析では、10未満の数値は無視する
設定方法2(セルG2)　　=LEFT(F2,1)
　　ベンフォード分析では、データの頭にある数値を分析する
設定方法3(セルI2~I10)
　　ベンフォード分析の解析タイプのうちデータの先頭の数値を分析するため、1~9の数値を入力する
設定方法4(セルJ2)　　=COUNTIF(G:G,I2)
　　分析対象データ項目の先頭数値を、1~9のグループに区分してデータ数を集計する
設定方法5(セルK2)　　=LOG(I2+1,10)-LOG(I2,10)
　　ベンフォード分析の公式に当てはめ、予測値を算出する
設定方法6(セルL2)　　=K2*J11
　　実績(セルJ2)に先頭数字が来る割合(セルK2)を掛け合わせて、予測値を算出する
設定方法7
　　実績値(設定方法4)と予測値(設定方法6)を比較するため、グラフを作成する
設定方法8
　　異常値のある数字を対象に、フィルターで該当データを抽出し、内容を吟味する
　　異常値については、実績が予測を大きく上回るデータを対象にすると効果的で良い
　　(ここでは、「5」などが異常値の対象になるであろう)

＊紙面の都合で一桁のベンフォード分析のみ記載します。

コラム　随意契約

　随意契約は、法第234条第2項で認められ、自治令第167条の2別表5に具体的な基準をみることができます。この随意契約は、リスクが高い取引と考えてください。

一　工事又は製造の請負	都道府県及び指定都市　250万円
	市町村（指定都市を除く。以下この表において同じ。）130万円
二　財産の買入れ	都道府県及び指定都市　160万円
	市町村　80万円
三　物件の借入れ	都道府県及び指定都市　80万円
	市町村　40万円
四　財産の売払い	都道府県及び指定都市　50万円
	市町村　30万円
五　物件の貸付け	30万円
六　前各号に掲げるもの以外のもの	都道府県及び指定都市　100万円
	市町村　50万円

　町の場合、工事請負契約であれば、1案件130万円以下の随意契約が可能です。200万円の工事請負契約を100万円ずつに2分割すれば、形式上は随意契約が可能となりますが、実態は200万円の競争入札契約とすべき案件というわけです。不自然に分割された契約には、留意が必要となります。

　随意契約の場合、入札ではないため通常より高額な契約となりやすく、内容を明確に把握する工夫が必要です。

　競争入札では当たり前の「相見積り」は随意契約にこそ必要です。「○○工事一式」のような明細のない契約内容には、積算根拠が不明確で留意が必要とも言えます。

　同様の契約内容と比べ**人件費が高くないか、工事免許のない業者への発注がないか**等、積算根拠を把握する必要もあります。

承認と閾値

「4つの視点」と「5つの着眼点」で承認の妥当性を検証する

承認とは、**正当な取引であることを立証する行為**です。

紙に押印や署名する従来式の承認であれ、コンピュータの画面上で承認入力するという電子承認であれ、不正会計と対峙するには、承認が妥当なものか検証する必要があります。なぜなら、不正実行者は不正を隠蔽するため「承認」をうまくやり過ごしたいはずだからです。

電子承認を想定した場合、『「財務諸表監査におけるITを利用した情報システムに関する統制リスクの評価」Q&A』（日本公認会計士協会、IT委員会研究報告第28号）のQ13で示される4つの視点に、自己承認の視点を加えた5つの着眼点で、承認の妥当性を検証されたらよいでしょう。

着眼点❶ 承認権限の正当性・正確性

承認は**正当な権限者によって行われているか**、承認の正当性や正確性を検証してみましょう。CAAT例として、IDとパスワードを設定する画面（テーブル）のデータを入手し、ピボットテーブルで集計、権限規定に照らして問題がないかシステム上の権限設定を確認する方法があります。

正当な承認が行われるよう、**自動化されたIT統制**も必要です。ある一定の幅までは担当者が値引き可能な権限規定となっている場合、一定額まではシステム上で自動的に承認、一定額以上の値引きの入力をしようとするとロックがかかり、それ以降の処理、たとえば出荷は上司の承認がないとできない、というような自動承認の仕組みもあります。

CAATでは、こうした自動承認が設定どおり実際に運用されているか、承認データ・非承認データを入手、ピボットテーブルで集計するなど、権限規定に照らして異常がないか、確かめてみることも必要です。

不正実行者の心理を考えれば、承認に至らないようなギリギリの取引金額にすることもあり得ます。たとえば、50万円以上は部長決裁が必要な場合、課長が不正を行うことを考えれば49万円にとどめ取引計上することもあるでしょう。

このように、50万円を境に、動作や意味などが変わる値のことを**「閾値」**（しきいち／いきち／threshold）と言います。このような隠蔽の兆候はベンフォード分析（208ページ）などで判別できます。事例の場合「49」等の数値に異常点が現われるはずです。

着眼点② 承認の正当性

　承認印は本人が必ず押しているか、「**なりすまし**」「**代行入力**」が行われていないか、承認の正当性も検証してください。

　代行入力の記録（ログ）が残るようシステム設定されていれば、代行入力された承認データをピボットテーブルで抽出し検証できますが、現実は代行入力された証跡が承認取引に残らない場合も多いでしょう。

　このような場合、日報データや勤務データがあれば、部長のような承認者の在籍しない日時を特定し、当該データと承認データをVLOOKUP関数で紐付け異常点を把握できる可能性はあります。

着眼点③ 承認の完全性

　承認漏れはないか、承認の完全性も検証してください。

　ＩＴ統制の一環として、そもそも承認なしでは次の処理に進めないようにシステム設定すべきですが、実務では様々な理由で、承認なしで次の処理に進めるシステム設定となっている場合も結構あります。

　たとえば、与信限度超過に対し単にアラームが出るのみで、**アラームを無視して与信以上の出荷が許可なしに実行されればリスクが顕在化する**、このようにＩＴ28号Q13は示しています。こうした場合、与信限度が守られているかに関し、**債権管理システムの与信設定額と実際の債権額のデータをVLOOKUP関数等で紐づけ、Excel上で比較**すれば検証できます。

着眼点④ 承認の適時性

　与信限度を大幅に越える売上高などは多大なリスクを発生する可能性があり、事前承認が必要です。そもそも承認がない取引計上は論外。承認の適時性、正当性等、承認があることを検証する必要があります。

　これは、**承認者コードをピボットテーブルでＣＡＡＴを実行**すれば検証できます。承認者コードのない取引データや、起票者＝承認者となっている自己承認データなどは承認がない取引と考えられます。

着眼点⑤ 自己承認

　不正の実行者の心理からすれば、他人の目に触れることを可能な限り減らそうとするでしょう。ということは、**すべてのデータを不正実行者が１人で行えば不正の実行が成功する可能性が高まります**。

こうした点から、そもそも承認されていないデータ、形式的承認に過ぎない自己承認データに着目し、当該データの異常点の有無を検証してみる価値は十分あります。

　そこで、入力者＝承認者となっているデータ、いわゆる「自己承認」されたデータを検証してみてください。

　たとえば、G列に「承認ユーザＩＤ」、Ｉ列に「登録ユーザＩＤ」のデータ項目がある場合、「=if(G2=I2,"○","")」のように、自己承認と思われるデータに○を表示させ、当該データを対象に証憑等の記録と照らしあわせれば、事実に迫れる可能性が高まります。

　こうした自己承認データは、ピボットテーブルでも検証可能です。〔行ラベル〕〔列ラベル〕のどちらでも構わないので「承認ユーザＩＤ」と「登録ユーザＩＤ」、〔Σ値〕にはたとえば「伝票番号」を〔データの個数〕が明示されるよう、それぞれドラッグ＆ドロップすれば、下図のように金塚荒男が２件、田原正彦が433件、自己承認データを入力していることがわかります。それぞれの項目でダブルクリックすれば詳細データが「ドリルダウン」されるので、これを検証します。

　10万円までは自己承認が認められている、というのであれば、10万円内のデータで構成される田原正彦の433件は内規上問題なし、10万円超のデータとな

自己承認データの把握

っている金塚荒男の2件を中心に検討する、こうした対応をとることになります。

　ちなみに、内部統制構築の観点から自己承認データを考えた場合、

①規定で受注入力者以外が承認を行うことを明確に定めておく

②規定を各人の目につくように社内掲示板やイントラネットに掲示しておく

　こうした権限明確化の工夫も、不正会計を予防するために不可欠です。

コラム　**不正会計の兆候を読み解く3つのキーワード**

　不正会計が生じると「住民の福祉の増進と市政への信頼確保に資する」ことができなくなりますので、不正会計の早期発見・早期対応に努める必要があります。そのためのキーワードは3つです。

不正会計の兆候を把握する3つのキーワード
(1)　本体の目が届きにくい「ノンコア組織」
(2)　長期にわたり「人事異動（ジョブローテーション）」が実施されず
(3)　通常とは異なる「異常なデータ」（企業会計であれば、不景気やビジネスサイクルの成熟期を迎えつつも「増収増益」のようなデータ）

　こうした兆候のある組織は監査対象とすべきです。(1)(2)に不正のトライアングルの「機会」、(3)に不可解な業績傾向が示され「動機」があるからです。加えて、不正をしても構わないという"言い訳"＝「姿勢・正当化」があれば、完璧な「不正のトライアングル」が醸成されてしまうからです。

第5章　不適正な会計処理等への対峙法

相関分析と外れ値

推計で不正会計と対峙する

　財務データを考えた場合、設備投資やリストラなどの大きなイベントでもない限り、毎期ある一定の範囲内にデータが落ち着くことがほとんどでしょう。

　そうであれば、過去の数字から将来の数字をある程度精度を保ちながら推計する、こうしたことが可能な場合も意外とあるはずです。

　推計の1つの方法、相関・回帰分析で、推計値と実績値を比較し、異常点をはじき出せば、推計を不正会計と対峙するためのツールとして活用できます。

(1)相関分析による異常値の抽出

　売上高と販売促進費（販促費）、生産数量と気温、というように複数の数値間の相関関係から不正会計に対処できる場合があります。

　ただし、相関関係がないようであれば、これから先の分析をしてもあまり意味がありません。その際は、そのほかの手法を用いて、たとえば見積計算などにより適宜対応することになります。**まずは数値間の相関関係を見極める必要があります。**

　ここでは、A事業所における1年間の販促費を「x軸（横軸）」、売上を「y軸（縦軸）」として「散布図」を、Excelのグラフ機能を使って描いてみました。図のように、データ項目が示されたワークシートと並べてグラフを表示すると、数字の羅列のみよりも、グッと説得力が生まれます。数字の見せ方も工夫してみることが必要です。

散布図による相関分析

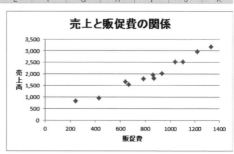

ここで図の右側、散布図をご覧いただくと、販促費をかけると売上が上がる、という相関関係があるように見てとれます。この「相関関係があるように見てとれる」という点がポイントです。

「販促費をかけると、売上が上がる」という相関関係では、「販促費を支出すれば得意先が満足し、得意先の購買意欲を掻き立て、売上が上がる」という原因がわかり、因果関係があることを理解できると思います。

一方、相関関係はあるとわかっても、因果関係があるかどうかわからない、必ずしも原因を追究できない、因果関係を突き止めるには時間がかかり過ぎてしまう、こうしたことも実務ではあります。

もちろん、原因がわかり、因果関係があることがわかることは重要ですが、そうしたことを追究している間に、不正会計と対峙する機会を逸してしまっては意味がありません。

まずは、相関関係があるか把握し、その中に異常点がないか検証する、こうした姿勢が不正会計と対峙するために必要です。

⑵近似曲線と最小二乗法の概念

散布図は過去のデータをまとめたもので、何らかの相関関係があるように見えます。だとすれば、過去のデータを用いて未来の予想をしてみよう、という発想に駆られても不思議ではありません。

推計と実績を比較することで、異常値を把握できれば、不正会計に対処できる可能性もあるわけです。その際に用いられる方法が**散布図に〔近似曲線〕を書き加える**という方法です。

この近似曲線は「最小二乗法（最小自乗法）」という数学の概念を用います。近似曲線とは、あるデータ項目を縦軸と横軸の関係で表したものです。

グラフ自体は中学校で習う一次方程式と同じ「$y = a + bx + 誤差$」という数式で表せます。この時、各データ項目を横軸と縦軸の関係で表し、そのデータのちょうど真ん中にグラフを一本書く、これが**最小二乗法**と呼ばれるものです。

散布図で示した各データ項目と近似曲線というグラフの間には「誤差」があります。この誤差は、グラフ線に対して縦方向にも横方向にも差があるので、両方の差が均等になるように、つまり正方形の面積が最小になるように「バラツキの中央」にグラフ線を通す、これが**二乗和**といわれる所以ですが、そのときの係数aとbを求める、これが最小二乗法です。

この一本の線と各データ項目がある程度重なり合えば、つまり**誤差が許容できるほど僅少であれば、それなりに各データ間の相関関係を表わしている**と考

えることができますが、その当てはまりの度合いを示すのが「R² ＝……」という数字です。

R² ＝ R^2 ＝ Rの2乗
　　＝ 1 －（誤差の2乗和÷実測値の偏差の2乗和）

　＊誤差の2乗和 ＝（実測値－予測値）の2乗を合計した数
　＊実測値の偏差の2乗和 ＝（実測値－実測値の平均）の2乗を合計した数

つまり、「R²」が1に近いほど、**数学上、各データ項目とグラフの当てはまりがよいと見る**のです。こうしたことから、R²を「**決定係数**」「**寄与率**」などと呼びます。

Excelは「対数近似曲線」など6種類の近似曲線を用意していますが、不正会計と対峙するという点を踏まえれば「線形近似曲線」を採用すればよいでしょう。

ちなみに、ここでの目的は単にグラフを描くことではありません。グラフをもとに相関関係のある数値を推計する必要があり、そのために近似曲線を数式化してあげる必要もあります。

これは、〔グラフツール〕→〔レイアウト〕タブ→〔分析〕グループ→〔近似曲線〕→〔その他の近似曲線のオプション（M）〕から〔近似曲線の書式設定〕を表示します。この画面から〔近似曲線のオプション〕の下の方にある〔グラフに数式を表示する（E）〕と〔グラフにR－2乗値を表示する（R）〕に☑をし、〔閉じる〕をクリック。すると、点と点の間を通る曲線、線形近似曲線の場合は直線で示される最小二乗法によって導き出される近似曲線と共に、「R²」という近似曲線のデータ項目との当てはまりの度合い、近似曲線の数式が表示されます。

たとえば、$y = 2.239x + 93.693$という数式だとすれば、x ＝ 販促費が1単位増加した場合、y ＝ 売上高が2.239だけ増え、またR² ＝ 0.9664という結果から、96.64％の割合でデータの相関関係をこの数式が表現している、と読み取れます。

この近似曲線から、売上と販促費の関係を推計でき、もしも実績と推計が大きく乖離している「**外れ値**」があれば、異常点として当該データを抽出し、検証してみる価値があると言えます。

近似曲線とR^2

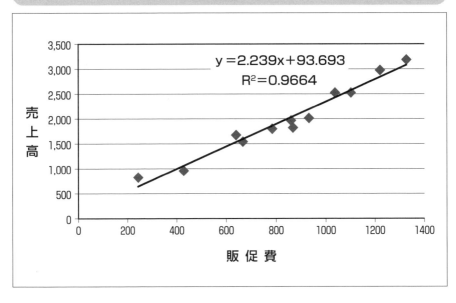

裏金の仕組みと予防・発見

預け金、プール金…問題視される「裏金」

　取引先に預けられているので「預け金」、蓄財・プールされているので「プール金」と言われもする「裏金」が頻発し、問題視されています。

　X県では、取引業者に架空発注し、納品されていない事務用品などの購入代金をX県から取引業者の口座に振り込ませ「預け金」としてプール、その後、職員が「預け金」の一部を業者から図書券などで受け取って私的流用する事件が発生しました。被害額が数億円単位になることもある裏金には、共謀の有無で大別し2つの方法があります。

> **共謀あり**　取引先に架空の取引を指示して、納品の事実がないにもかかわらず、納品されたなどとして取引先に代金を支払い、過大に支払った代金を当該取引先に管理させる手法で裏金を捻出する。
>
> **単独実行**　出勤簿の改ざんによる架空人件費やカラ出張による旅費など、不正な請求を通じて裏金を捻出する。

　裏金の大半は、経費の予算枠不足を補う目的で使用されるなど理由のつく資金還流が多い一方で、裏金の存在を知っている役職員に私的流用されることもあります。

　総務省『地方公共団体の財務制度の見直しに関する報告書』（平成27年12月、地方公共団体の財務制度に関する研究会。以下、「報告書」と呼ぶ）にも、裏金問題に関する指摘が見られ、「預け金」「一括払い」などを問題視しています。

> Ⅲ　地方公共団体の財務制度の見直しのあり方について
> 1　会計年度の独立の原則の弾力化
> 　平成20年次からの会計検査院による国庫補助金の検査において、地方公共団体における預け金や一括払い等の不適正経理が指摘された。これらの不適正経理の発生は、会計年度独立の原則や予算単年度主義等の会計制度が硬直的であることに起因しているという指摘もある。（傍点筆者）

　以下では「事前」「事後」それぞれの内部統制を見ていくことにします。

「事前」の予防統制

予防統制の着眼点❶　予算制度

　裏金等の事前予防策として最も効果的なのが、予算制度の精緻化です。たとえば、工事代金「一式○○万円」では、工事内容の詳細が見えず不正の温床に繋がりやすいと言えます。不正防止の観点からは、「外構工事・P社製フェンス・

1,000mm×10本、単価50,000円、小計500,000円」のように、工事内容を詳細に明記し、予算承認する必要があります。こうした予算データと実績データをVLOOKUP関数などで突き合わせ、支払いに異常がないか検証すれば、裏金捻出に対する一定の歯止めになります。

予防統制の着眼点❷ 支払通知

取引先の口座に振り込むにあたり、取引先の経理部門に対し振込対象となった取引内容を通知する、いわゆる「支払通知」を行うという方法も効果があります。

📋 事後の発見統制

発見統制の着眼点❶ 日付のバラツキ

裏金等を事後的に発見する場合、3つの「日付のバラツキ」に留意してください。

1つ目は、債務計上日のバラツキがあれば異常と見なす。通常、債務計上には20日締めや月末締めという「締日」があるので、締日以外の債務計上は異常と見なせます。

2つ目は、支払日のバラツキです。約定されたあるべき支払日よりも前に支払しているような支出案件の中には、取引先に資金融通した見返りとして、のちに裏金を収受している事例もありますので、留意が必要です。

3つ目として、他の取引先と比較して、計上から支払いまでの決済期間が異常に長いものや短いものなどにも、留意が必要です。

こうした日付のバラツキを見るには、取引先ごとに支払条件（締日、支払日など）をマスタデータとして用意しておき、これと支払管理システムのデータを突き合わせることで可能となります。別法として、最大値（MAX関数）、最小値（MIN関数）、平均値（AVERAGE関数）、標準偏差（STDEVP関数）、歪度（SKEW関数）、尖度（KURT関数）等の統計関数を用い、取引先ごとに債務計上日や支払日の日付データを抽出し、それぞれの日付が一定の範囲に収まっているか、検証するのも面白いと思います。

発見統制の着眼点❷ 取引計上の異常値

支払いに関する内部統制が整備されている組織であれば、多額の取引は特定の取引先に限定されるはずです。もしも、通常ではない取引先との間に多額の取引がなされているのであれば、疑ってみる必要があります。

こうした取引もＣＡＡＴを使えば比較的簡単に抽出できます。取引先マスタデータと支払管理システムのデータを突合し、不一致データの中から、金額的に重要性があるものを〔並べ替え〕により抽出すれば、興味深い結果を得られる可能性が高まります。

　支払いに関する内部統制が整備されていないような場合でも、異常点を探れる可能性は残っています。通常、特定の取引先との取引金額は大きくブレることはないはずです。もしもブレがあるならば、抽出してみる価値はあります。

　なかでも、決算月（四半期の場合は３か月ごと、半期の場合は半年ごと）あるいはその１か月ほど前に、多額もしくは少額な取引がある場合、異常点として抽出してみる価値はあります。不正実行者の立場で考えれば、決算というイベントに備え不正会計に手を染めることが想定できるからです。こうした取引も〔ピボットテーブル〕などを使えば抽出できます。

　これは 発見統制の着眼点❶ で触れた統計関数を用いるのも一法でしょう。取引先ごとに月次推移表を作成し、平均値（AVERAGE関数）等と毎月の取引計上額との乖離を見ることで、興味深い結果を得られる可能性もあります。実際、大手電機T社の粉飾事件では、四半期ごとに異常点が表われていました。

発見統制の着眼点❸　残高消込の異常値

　買掛金等に計上された債務は、通常毎月所定日に１回の支払いで残高の消込がなされるはずです。１か月に２回以上の消込が行われているというのであれば、異常点として抽出してみる価値はあります。取引先に資金融通した見返りとして、裏金を収受している可能性も否定できないからです。

　これは〔ピボットテーブル〕を用い、取引先別に毎月の支払データ件数を〔データの個数〕でカウントしてみるなどで対応が可能でしょう。

　支払いではなく、値引きや返品、相殺による多額の消込も留意が必要です。このような場合、対象となった品目と発注担当者にも注目して見ると面白い結果が得られるかもしれません。これも〔ピボットテーブル〕などで、ヒントを得られる可能性があります。

　支払条件が変更になっている取引に着目することも必要です。現金から手形払い、振込から小切手払い、このように支払手段が変更になっている取引、支払場所が本部から支所になっている取引など、支払条件が変更になっているものは、妥当性を検証することもポイントです。

　これも、支払管理システムのデータと取引先の支払条件マスタデータをVLOOKUP関数で突合してみるなどすればよいと思います。

「役所からの支出は妥当か？」、大量データを前に異常点を抽出し、支出根拠の妥当性を検証するには工夫も必要です。

人事異動と職務分掌を通じた適切な予算制度・承認体制の整備に加え、上記のような異常点をつかむＣＡＡＴ、コンピュータ利用監査技法を組み合わせれば、裏金の事実を示す端緒を把握できる可能性が高まります。

Ｘ県で発生した裏金問題では、事件発覚後、ＣＡＡＴを活用し異常点を把握した実績があります。

Ｘ県で発覚した裏金事例の概要

調査対象	裏金残高 平成9年3月末現在	裏金残高 平成15年3月末現在	費消額	うち、使途不明金
知事部局（131部署）	1億6,300万円	1億円	約6,300万円	約3,300万円
教育委員会（142か所）	4,500万円	3,400万円	約1,100万円	約800万円
合計（273か所）	2億800万円	1億3,400万円	約7,400万円	約4,100万円

裏金残高推移及び使途不明額（すでに調査の終了していた財務事務所除く。裏金は知事部局の全部局にわたって発見され、この中には知事公室、東京事務所、財務総室、議会事務局なども含まれていた）

コラム　裏金・預け金・プール金の構図

裏金はどこでも起こりうる、典型的な不正会計です。不正会計に直結しうる、訂正記録の事例にも留意してください。

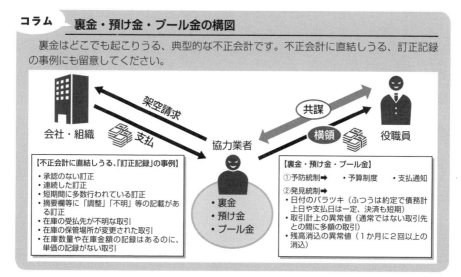

不正支出とキックバック

不正ができないシステムの構築を

2004年、国民的番組を舞台にする不正支出問題が発覚しました。1997年から2001年の４年間で、合計88回4,888万円もの不正支出がN協会で繰り返されていたのです。友人が経営する会社に番組制作費名目でN協会から支出させ、友人の会社から資金還流（キックバック）させる手口は、地方公共団体でも起こる古典的手法の１つです。

検証ポイントは２つです。

着眼点❶ マスタ登録の検証

マスタデータの管理は特に留意が必要です。本件では、著作権データベースというマスタデータを管理するシステムに、強大なプロデューサー権限を悪用し、放送作家としての実績がない友人を登録することが、不正の手口となっています。

通常の組織であれば、取引先との支払条件、たとえば月末締め・翌10日払いという情報等を、支払管理システム等に入力・登録すると思います。

そもそもマスタデータに触れる人物は、通常限定されるはずですが、本件では不正実行者がマスタデータにアクセスしていました。

ＣＡＡＴでは、マスタデータへのアクセス履歴を〔ピボットテーブル〕等でアクセス者別に集計し、どのような理由でアクセスする必要があったか検証すれば、不正の端緒に触れることができるでしょう。

着眼点❷ 経費支出承認履歴の検証

当時N協会では、番組制作費を企画会社に支出する際、番組担当デスクとチーフプロデューサーのダブルチェックが原則必要になっていて、これ自体問題ありません。ただ、例外適用があってこれが不正支出につながっています。

番組制作という性格上、長期ロケなどもあります。その間、経理処理できなければ、先方の取引先に制作費支払遅延で迷惑をかけてしまうので、例外的に**代理請求**という手法が採られていました。代理請求とは、チーフプロデューサー特権で、支払管理システムに自らのＩＤで入り、番組担当デスクの名前で支払請求し、プロデューサー承認のもと、番組制作費を支払うという仕組み、つまり「なりすまし」により自己承認していたのです。

このようなデータもＣＡＡＴで検出可能です。支払管理システムの接続の記録（ログ）を見て、特権ＩＤでシステムに接続（ログイン）後、相違するＩＤで支払請求しているデータをＣＡＡＴで判別すれば、不正の端緒を早い時点で把握できたでしょう。

　支払代行が可能な場合、代行入力の履歴が残るような仕組みになっていればＣＡＡＴで把握できるはずです。

　ＩＴ統制を考えれば、そもそも代行入力ができないように**自己承認データを受け付けないシステム**とすることも一考です。

　なりすまし防止のため、**定期的なパスワード変更**も必要です。

第5章 不適正な会計処理等への対峙法

潜在リスクのスクリーニング

往査先を効率的・効果的に選定する

これまで、監査人の経験や勘、ローテーションなどを考慮して往査場所を選定することが広く行われています。

また、企業会計では、内部統制報告制度、いわゆるＪ－ＳＯＸ導入以降、売上高の３分の２を占める重要な事業拠点以外は『財務報告に係る内部統制の評価及び監査に関する実施基準』を拠り所に、内部統制の評価対象外とする傾向が少なからずあります。

しかし、**実際に不正が起こるのは往査対象外の組織**だったりします。監査人の経験や勘の対象外となる組織、ローテーションの谷間にある組織、全体売上高の３分の１以下の組織、このようなブラックボックスになりやすい組織で不正が起こることが多いのです。広範なモニタリング体制の構築が急務です。

たとえば、**ＣＡＡＴを不正会計データの優先順位の付与ツールとして用いる**という方法があります。①不正リスクから調査対象を選定、②不正兆候の有無を把握、このような２段階で往査先の選定基準として用い、不正会計と対峙しようという方法です。

手順❶ 不正リスクから調査対象を選定（ヒートマップ）

不正リスクから調査対象を選定する際、不正リスクを把握するため、アンケートやインタビューを実行します。

たとえば、「不正が行われたということを聞いたことがあるか」という問いに対し、「ない：０」「ある：１」というように数値化し集計することで、リスク項目を洗い出すのです。

このように、０と１というデジタル（バイナリ）形式の回答もあれば、１点から５点のように点数で評価する場合もあります。いずれも、質問に対する回答がリスクの高いものほど高得点に（あるいは得点が低く）なるように、数値に置き換えて集計するのがポイントです。そのうえで、リスクの大きな拠点を対象に、調査対象を選定します。

このような調査手法を**ヒートマップ**と呼びます。ヒートマップとは、体温の高いところ、低いところを、赤外線センサーで見分ける方法を想像してもらうとわかりやすいでしょう。アンケート等の結果を数値化し、色分けする、あるいはグラフ化することで、その組織が不正に対しどの程度強靭または脆弱であ

226

るかグラフィカルに示し、弱点のあるところを補強しようという考えに基づく調査手法です。

このヒートマップをExcelで作成する場合、〔**条件付き書式**〕という機能が便利です。

不正リスクを把握するためのアンケートを考えた場合、項目ごとに集計された点数を、色分けできると判別しやすくなります。そこで、0点から10点までのセルは青、11点から20点までは黄、21点以上は赤、といった具合にセルを色別に表示することで、早急に対応しなければならない"潜在的リスク"を識別可能とし、このリスクに優先順位を付与する、こうした点を〔条件付き書式〕は手助けしてくれます。

このように、アンケートやインタビューなどの調査対象となる組織の情報をもとに、潜在的なリスクを特定し、不正リスクの高い項目を洗い出します。

ヒートマップによる財務分析事例

分析指標	計算式	X1年度	X2年度	参考	コメント
流動比率(%)	流動資産÷流動負債	310%	172%		資産の横領は、流動比率を引き下げる。負債の隠ぺいは比率を高め、財務健全性を装う。
当座比率・酸性試験比率(%)	当座資産÷流動負債	230%	116%	当座資産＝現預金＋有価証券＋売掛金	X1年度に架空売掛金の計上、仕入債務計上せず、当座比率がX2年度より高い可能性あり。
固定比率(%)	固定資産÷自己資本	32%	37%	自己資本＝純資産の部－新株予約権－少数株主持分	固定資産は長期の資金で購入する必要がある。
売掛金回転率(回)	売上高÷売掛金平均残高	1.3	1.7	・平均残高＝(期首残高＋期末残高)÷2	通常は比率安定。回収サイトの変更などで変動。
棚卸資産回転期間(月)	棚卸資産平均残高÷月次平均売上原価	8.5	4.3	・月次平均＝年間÷12か月	窃盗発生で在庫が減り、売上原価が増え(棚卸減耗損)、回転期間が短縮。
負債資本比率(%)	負債合計÷株主資本	115%	183%	株主資本＝資本金＋資本剰余金＋利益剰余金－自己株式	115%→183%と急上昇、買掛金も急増、異常値として抽出。
売上高(当期)利益率(%)	当期利益÷売上高	13%	-6%		長期的には一貫した数値になるはず。
D/Eレシオ(%)	有利子負債÷純資産	56%	40%	・純資産＝資産－負債・有利子負債＝利払義務のある負債(借入金等)	有利子負債と資本のバランスを見る指標。100%以内が安全性の目安。
総資産回転率(回)	売上高÷総資産平均残高	0.75	0.91		資産効率を見る指標。X2年度のほうが資産効率が良い。
ROE(%)	当期純利益÷自己資本	18%	-13%		自己資本の活用を見る、自己資本当期利益率。
ROA(%)	当期純利益÷総資本	8%	-5%		収益性の総合指標、総資本利益率。目安は「ROE≦ROA×2」

手順② 不正兆候の有無を把握

　続いて、不正兆候の有無を把握します。

　仕訳テストを想定した場合、仕訳データを入手・分析し、グレーなデータを抽出します。この抽出したデータの妥当性を検証するため、請求書や領収書、契約書などの証憑等を入手・閲覧・分析し、必要に応じ、ヒアリングし回答を得て、不正会計と対峙することになります（この点は、拙著『ＣＡＡＴで粉飾・横領はこう見抜く』などを参考にしてください）。

　ここで留意したいのは、**現場に往査せずにＣＡＡＴを実施している**という点です。換言すれば、データの網羅性をどのように確保するかという課題があります。悪意を持った不正実行者が、データを改ざんし、監査委員事務局に対象データを送信してくる可能性もあります。異常点を抽出できないように、データを加工している場合もあるわけです。

　現地往査時には、あらかじめ監査委員事務局に送信されてきたデータと、現地でのデータを突合し、真実のデータが網羅されているか検証することも必要でしょう。こうしたデータの網羅性を担保するため、被監査対象組織に知られることなく、自動的にデータを吸い上げる仕組みを採用している組織もあります。

　ＣＡＡＴはグレーなデータを抽出するに過ぎないツールで、現場往査に代替するものではありません。どうかこの点を忘れずに、ＣＡＡＴを上手に活用してほしいと思います。

異常な支払データと多重払

📑 不正のトライアングルの「機会」を与えてはいけない

　支払日をデータとして持つシステムの場合、**支払日データについてもＣＡＡＴを実行する**ことで異常点を把握することができるでしょう。

　一般的な組織であれば、支払事務の効率化などの観点から、15日や月末日に支払う、というように支払日を特定することが多く、よほどの取引量でないかぎり、月一回の支払約定とすることが多いはずです。

　もしも、取引先との支払約定に反して、特定の日以外に支払いがある、1か月のうちに複数回の支払いがある、というのであれば異常点として捉えてみる必要があるでしょう。数か月間の仕訳データや支払データを対象に、〔ピボットテーブル〕を使って取引先ごとの毎月の支払日を時系列分析してみたり、〔データの個数〕により各月の支払日の件数を集計すれば、二重支払等の異常点を把握できることもあるでしょう。

　特定日以外に支払われているデータの中には、毎月の支払日が約定よりも徐々に早くなっている支払データがあるかもしれません。こうした傾向は**取引先に弱みを握られている可能性も否定できない**ので検証する必要もあります。

　支払日という点では、**休日の支払データ**にも着目です。土日・祝祭日・年末年始等の支払いは、他人の目がなく、不正のトライアングルの「機会」が与えられており、留意が必要と言えます。

　支払いの異常点を把握するには、日付データとともに**振込口座**にも着目してください。そもそも取引先との約定で、正規の振込口座番号は一定しているはずです。振込口座が変更になった場合、理由を検証してみると、不正支出等の興味深い結果を得られる可能性があります。これは、数か月間の支払データから、取引先別に振込口座のデータを抽出すればわかるでしょう。

　また、古典的な横領の手口として**多重払**があります。精算時に証憑の原本を要求しない組織では、証憑の原本とコピーで多重払となる事例に遭遇することがあります。納品書や請求書などを領収証の代用とし、さらに正規の領収証でも精算を受ける事例も、従来から横行しています。

　多重払は、一件の経費精算に係る証憑を再利用し、複数回にわたり精算を受けるという特徴があり、横領行為が発覚しないよう、経費精算の承認を別々の人物にお願いする等、小細工されることもあるので留意が必要です。多重払は、**同一の支払依頼者、同一金額の支払データ**に着目すれば、発見可能です。

第5章　不適正な会計処理等への対峙法

229

主な参考文献

『内部統制による地方公共団体の組織マネジメント改革〜信頼される地方公共団体を目指して〜』、平成21年3月、地方公共団体における内部統制のあり方に関する研究会

『国の行政機関の法令等遵守（会計経理の適正化等）に関する調査結果に基づく勧告』、平成22年7月、総務省

『統一的な基準による地方公会計マニュアル』、平成28年5月改訂、総務省

『地方自治法の改正検討項目』（平成28年10月、総務省自治行政局行政課）

『ポイント解説　自治体の内部統制』、月刊「地方財務」平成29年9月号別冊付録、月刊「地方財務」編集局／編、ぎょうせい

『我が国の業績公監査の発展と公認会計士等の役割』、平成25年4月16日、地方自治法改正対応プロジェクトチーム

『都市監査基準』（最新改正平成28年8月25日、全国都市監査委員会）

『勘定科目別　異常点監査の実務』、野々川幸雄、中央経済社

『会計ドレッシング10episodes』、村井直志、東洋経済新報社

『即戦力になる！　基本が身につく　経理に配属されたら読む本』、村井直志、日本実業出版社

『会計チャージ　決算書の本質を4つの目線でつかむ』、村井直志、中央経済社

『Excelによる不正発見法　ＣＡＡＴで粉飾・横領はこう見抜く』、村井直志、中央経済社

村井直志（むらい　ただし）
公認会計士。
日本公認会計士協会、公会計協議会、地方公共団体会計・監査部
会会員。同、社会保障部会会員。
経済産業省・中小企業庁認定経営革新等支援機関。
税務事務所、大手監査法人、コンサルファーム、東証上場会社役
員などを経て、公認会計士村井直志事務所を開設。
日本公認会計士協会東京会コンピューター委員会委員長、経営・
税務・業務各委員会委員などを歴任。
第34回日本公認会計士協会研究大会に、研究テーマ『CAAT（コ
ンピュータ利用監査技法）で不正会計に対処する、エクセルを用
いた異常点監査技法』で選抜。
現在、コンサル、執筆、講演、セミナーなどに従事。公正取引委員
会等の行政機関、都市監査委員会などでの講演活動も行う。
主な著書に、『CAATで粉飾・横領はこう見抜く』（中央経済社）、
『最強の会計力』（東洋経済新報社、共著）、『経営を強くする会計
7つのルール』（ダイヤモンド社）、『経理に配属されたら読む本』
（日本実業出版社）など。
一般社団法人価値創造機構・理事長。

〔監修〕一般社団法人価値創造機構
　　　　連携し、共感し、価値を創造する。
　　　　『知的訓練の場』
　　　　公式サイト　http://www.value.or.jp
　　　　連絡メール　info@value.or.jp

よくわかる「自治体監査」の実務入門

2018年1月1日　初版発行

著　者　村井直志　©T.Murai 2018
発行者　吉田啓二

発行所　株式会社日本実業出版社　東京都新宿区市谷本村町3−29 〒162-0845
　　　　　　　　　　　　　　　　　大阪市北区西天満6−8−1 〒530-0047
　　　　編集部　☎03-3268-5651
　　　　営業部　☎03-3268-5161　振　替　00170-1-25349
　　　　　　　　　　　　　　　　　http://www.njg.co.jp/

印刷／厚徳社　　製本／共栄社

この本の内容についてのお問合せは、書面かFAX（03−3268−0832）にてお願い致します。
落丁・乱丁本は、送料小社負担にて、お取り替え致します。

ISBN 978-4-534-05553-8　Printed in JAPAN

日本実業出版社の本

即戦力になる！　基本が身につく
経理に配属されたら読む本

「経理に配属されたものの、どんな仕事をするのかわからない」という実務経験ゼロの経理初心者向けに、会計・税務に関する基本事項のほか、業務をするうえで必要不可欠なエクセルの活用術も解説。必要なスキルがこの1冊で身につく。

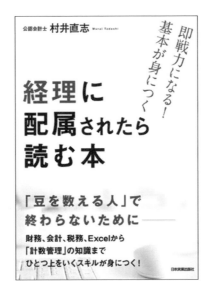

「即戦力」になるために必要な基本知識を解説。
計数管理に不可欠なエクセルの活用術も紹介！

村井直志

定価 本体1400円（税別）

http://www.njg.co.jp/

定価変更の場合はご了承ください。